WOHNEN MIT PFLANZEN

WOHNEN MIT PFLANZEN

GEORGE CARTER

FOTOS VON MARIANNE MAJERUS

AUGUSTUS

Die Deutsche Bibliothek – CIP-Einheitsaufnahme
Ein Titeldatensatz für diese Publikation ist bei Der Deutschen Bibliothek erhältlich.

Die englische Originalausgabe erschien bei Mitchell Beazley, 2-4 Heron Quays, London E 14 4JB, unter dem Titel: Living with plants

Übersetzung: Wiebke Krabbe, Damlos
Lektorat der deutschen Ausgabe: Kerstin Müller
Layout: Lovelock & Co., Helen Taylor and Vicky Short
Herstellung der deutschen Ausgabe: Charmaine Müller

Augustus Verlag München 2001

Satz: satz-studio GmbH, Bäumenheim

ISBN 3-8043-0884-8

Printed in China

INHALT

EINLEITUNG

Zimmerpflanzen spielen in der Inneneinrichtung schon seit Jahrhunderten eine wichtige Rolle, doch haben sich ihr Status und ihre Funktion von Generation zu Generation verändert. Es macht großen Spaß, in der Geschichte nach Ideen zu stöbern: zum einen, um eine bestimmte Periode zu rekonstruieren, zum anderen aber auch, weil sich in vergangenen Jahrhunderten ein riesiger Fundus an Gestaltungsideen findet, die sich leicht unserer Zeit anpassen lassen. Zimmerpflanzen hatte man aus funktionalen oder symbolischen Gründen (siehe unten) oder als Sammlung von Kuriositäten und Raritäten (siehe rechts), oft aber waren sie Inspiration oder Hauptelement eines ganzen Einrichtungskonzepts (siehe unten rechts).

Man möchte meinen, dass das Aufweichen der Grenzen zwischen drinnen und draußen, zwischen Haus und Garten, ein Produkt der Moderne ist und die Glaswand mit Schiebetür also eine Erfindung des 20. Jahrhunderts ist. Tatsächlich taucht diese Idee aber schon seit Jahrhunderten immer wieder auf, selbst im kalten Nordeuropa. Die pittoreske Bewegung im England des frühen 19. Jahrhunderts ist vielleicht das beste Beispiel: Damals

Oben Der Scherenschnitt aus dem späten 18. Jahrhundert zeigt, dass die Pflege von Zimmerpflanzen eines der Hauptvergnügen der feinen Gesellschaft dieser Zeit war. Die einfache Etagere wäre auch für eine Pflanzensammlung unserer Zeit durchaus denkbar.

Links Die Abbildung eines italienischen Studierzimmers (1460 n. Chr.) zeigt die Bedeutung von Pflanzen als Dekoration. Zimmerpflanzen wurden aber auch wegen ihrer Heilwirkung geschätzt sowie als botanische Raritäten. Hier sind sie in kunstvolle Majolika-Gefäße gepflanzt.

Rechts Das Wohnzimmer aus dem frühen 19. Jahrhundert öffnet sich zum bepflanzten Wintergarten. Einige der Pflanzen befinden sich bereits im Wohnraum. Spezielle Pflanzenständer wie die Jardinière (rechts) waren zu dieser Zeit beliebt. Die Tapete mit den Vögeln und Pflanzen wiederholt den Gedanken des »ins Haus geholten« Gartens, der typisch für das späte Biedermeier ist.

wurden Pflanzen eingesetzt, um die Beziehung zwischen dem Hausinneren und der umgebenden Landschaft zu vertiefen.

Die Verwendung von Zimmerpflanzen und geschickt aufgestellten Spiegeln, die Reflexionen des Gartens oder der Natur zeigten, prägten später im 19. Jahrhundert einen bestimmten Stil der Innenarchitektur, der stark von der Natur und von der Gartengestaltung inspiriert war. Ihren Höhepunkt erreichte die Entwicklung mit den Biedermeier-Interieurs in Deutschland, Österreich und Skandinavien (siehe Seite 8). Zu dieser Zeit wurden viele Möbel speziell für Pflanzen entworfen und in handwerklicher Perfektion gefertigt, etwa Tische mit eingelassenen Pflanzbehältern aus Zink, kunstvolle Tröge mit Rankwänden oder auch Spaliere, die unzählige Blüten und Blätter trugen.

Dies war auch die Blütezeit des Wintergartens. Die Gärtner großer Besitzungen arbeiteten eng mit dem

Oben In diesem Wohnzimmer in Kopenhagen aus den vierziger Jahren des 19. Jahrhunderts wird das Fensterbrett für Pflanzen genutzt. Besonders interessant sind die kleinen Rankspaliere für Efeu im mittleren Fenster, in denen wiederum kleine »Guck-löcher« frei bleiben. Solche Rank-gerüste, die gerade in Stadtwoh-nungen vor neugierigen Blicken schützen, sind durchaus auch eine Idee für unsere Zeit.

Hauspersonal zusammen. Sie lieferten zarte Pflanzen, herangezogen im Schutz von Glashäusern, die als vorübergehende Dekoration der Wohnräume dienten. Aber nicht nur in den herrschaftlichen Häusern breiteten sich Pflanzen geradezu explosionsartig aus.

Eine ganz ähnliche Begeisterung trieb auch in den ländlichen Häusern Wurzeln, deren Bewohner jedoch oftmals Pflanzen hielten, die bei den Reichen schon wieder aus der Mode gekommen waren. Unsere heutige Vorstellung des altmodischen Landhäuschens geht auf die Wiederentdeckung des ländlichen Charmes im späten 19. Jahrhundert zurück, eng verbunden mit der Arts-and-Crafts-Bewegung. Die ländlichen Gemälde von Helen Allingham in England und Carl Larsson in Schweden (siehe rechts) zeigen Häuschen, in denen Mobiliar und oft auch Pflanzen die Mode einer früheren Zeit spiegeln. Ein ähnlicher Mode-Zeitsprung ist auch in anderen Teilen der Welt zu beobachten. Die Schriftstellerin Edith Wharton beschreibt die prächtigen amerikanischen Salons der siebziger Jahre des 19. Jahrhunderts: voll von Töpfen mit Cinerarien und Primeln – eine Kombination,

Unten Der schwedische Raum, gemalt von Carl Larsson, zeigt das Interesse der Arts-and-Crafts-Bewegung an ländlichen Interieurs. Solche wie zufällig wirkenden Sammlungen von Pflanzen auf der Fensterbank findet man in vielen Kulturen und Epochen, beispielsweise auch bei den Shakern.

die fünfzig Jahre später in viel bescheideneren Interieurs zu Hause war und auf die die Modebewussten um die Mitte des 20. Jahrhunderts abschätzig herabschauten.

Mit den Umwälzungen, die die Moderne in Architektur und Einrichtungsstil brachte, gewannen die Zimmerpflanzen eine mächtige Rolle. Die Fenster wurden zunehmend größer, die Räume heller und besser geeignet für Pflanzen. Hohe, markante Pflanzen übernahmen in großen Räumen die Rolle von »lebenden Raumteilern«, und weil die Raumaufteilung zu dieser Zeit weniger formal und streng definiert war, konnte man den Pflanzen mehr Platz widmen.

Oben Ein Entwurf aus den fünfziger Jahren des 20. Jahrhunderts von Richard Neutra in der Ojai-Wüste in Kalifornien. Neutra strebte die völlige Vermischung von Drinnen und Draußen an, und gerade die Pflanzen im Inneren sollten die Grenzen verwischen. Sie dienen nicht der Behaglichkeit, sondern bilden den Vordergrund der Landschaft für weiter hinten. So sind sie eine Verbindung zur Weite außerhalb.

LANDHAUSSTIL

Vorige Seite Die Myrte *(Chamaelaucium uncinatum* »Snow Flake«*)* hat ihren idealen Platz im Bad gefunden. Mit ihren zierlichen, weißen Blüten bildet sie eine kompakte Kugel aus Blüten und Blättern. Das abgewetzte Weiß der Wandvertäfelung wiederholt den silbrigen Farbton der Blätter.

Rechts Blickfang ist der dichte Busch weißer Narzissen *(Narcissus* »Paperwhite«*)* in einer kleinen Zink-Fußbadewanne.

Unten Der Aufsatz des Wäscheschranks aus Kiefer ist ein schöner Rahmen für die Blattbegonien. Ockergelbe Wände und rostrote Übertöpfe bilden einen idealen Hintergrund, vor dem die prächtigen Farben der Blätter gut zur Geltung kommen.

Das Geheimnis des Landhausstils ist Einfachheit. Die Pflanzen sollten »kontrolliert« wirken wie in einem wohl geordneten Garten. Klassische und ländliche Pflanzen sind hier die beste Wahl. Für eine frische und rustikale Wirkung gibt es nichts Besseres als Geranien, Primeln oder Aurikeln in schlichten Gefäßen. Besonders geeignet sind alte Tonblumentöpfe, Aussaatkästen, Körbe oder hölzerne Tröge, die aussehen, als kämen sie geradewegs aus dem Schuppen.

Die Werke von Carl Larsson, schwedischer Arts-and-Crafts-Illustrator und Künstler des 19. Jahrhunderts, zeigen reizende Fensterbank-Arrangements neben weißen Wänden und schlichten weißen Musselin-Gardinen. Seine Pflanzen, die oft die einzige Farbe im Raum darstellen, stehen auf schönen alten Untertassen oder Tellern. Auch die Landidyllen der englischen Künstlerin Helen Allingham aus der gleichen Epoche können Anregungen liefern. Sie zeigt behaglich-dunkle Interieurs mit Pflanzen in Tontöpfen, die in alten blau-weißen Schüsseln oder Steinguttöpfen stehen, eingerahmt von kleinen, häufig bleiverglasten Fenstern.

Die Küche

Links Ein Spritzschutz aus Zink verleiht dieser ländlichen Küche modische Patina. Miniatur-Alpenveilchen stehen in einem Zinkgefäß auf der schattigen Fensterbank. Ihre zarten, weißen Blüten bilden einen interessanten Kontrast zu den dunkel gestrichenen Wänden.

Die ländliche Küche ist der Treffpunkt der Familie. Sie ist viel mehr als ein funktionaler Ort, wo das Essen vorbereitet wird. Hier trifft man sich zum Essen, Reden und Beisammensitzen, besonders im Winter, wenn dies der wärmste Raum im Haus ist. Wenn man so viel Zeit in der Küche verbringt, macht es Sinn, den Pflanzen in diesem Raum besondere Aufmerksamkeit zu schenken.

Vorgetriebene Zwiebeln passen gut ins Wohnzimmer und in andere »repräsentative« Räume, aber stellen Sie auch einige Schalen in die Küche, wo sie die beste Wirkung haben und am meisten Freude schenken. Fast das ganze Jahr über schwebt in der Küche der Duft von Blüten: vom Aufblühen der Krokusse im zeitigen Frühling bis zur Blüte der Alpenveilchen im Spätherbst.

Küchenpflanzen müssen nicht ausschließlich dekorativer Natur sein. Gut gepflegte Töpfe mit duftenden Kräutern sehen nicht nur attraktiv aus, sondern sind obendrein noch praktisch zum Kochen und Garnieren. Majoran, Thymian, Salbei, Schnittlauch, Rosmarin, Petersilie und Basilikum fühlen sich eine Saison lang durchaus wohl im Haus. Wenn Sie einen Garten haben, sollten Sie Ihre Zimmerkräuter von Zeit zu Zeit gegen Artgenossen von draußen austauschen, so dass alle Pflanzen zeitweise in den Genuss des vollen Tageslichts kommen.

Links Pflanzen wirken überall im Haus schön, auch auf der Anrichte. Hier geben leuchtend gelbe Narzissen *(Narcissus* »Tête-à-tête«*)*, eingepflanzt in eine schlichte, viktorianische Schüssel, dem Geschirr in zarten Cremetönen einen kräftigen Farbtupfer.

Pflanzen sind nicht auf der Küchenfensterbank festgewachsen, man kann sie problemlos als Dekoration vorübergehend auf den Tisch stellen. Hübsch sieht es aus, eine Reihe von Hochstämmchen in identischen Töpfen in einer Linie auf dem Tisch aufzureihen. Sie haben den Vorteil, dass sie den Blick über den Tisch nicht behindern. Außerdem sehen sie niedlich aus – wie Miniaturversionen der beschnittenen Kräuterbüsche, die man von Renaissancegemälden kennt. Strauchige Kräuter wie Salbei, Thymian, Rosmarin, Lavendel, Lorbeer und Myrte eignen sich dafür besonders gut. Ziehen Sie zunächst einen Trieb an einem kurzen Stab auf 12 bis 15 cm Höhe heran, dann kneifen Sie die Spitze aus, damit sich der Trieb oben verzweigt. Regelmäßiges Beschneiden sorgt für einen kompakten Wuchs. Ein Topf mit jungen, buschig wachsenden Kräutern wie Petersilie, Majoran oder Minze ergibt eine schöne Mitteldekoration für einen runden Küchentisch mit dem Extravorteil des frischen, würzigen Geruchs. Witzig und unkonventionell ist ein gewöhnlicher Kochtopf, in dem leuchtend bunter Zierkohl wächst (siehe Seite 21).

Für dekorative Zwecke können mehrere Töpfe mit gleichartigen Pflanzen mehr bewirken als eine Sammlung verschiedener Arten. Ganz allgemein sind große Gruppen gleicher Pflanzen in gleichen Farben vielseitiger als gemischte Arrangements in verschiedenen Farben. Man kann sie gemeinsam in ein großes Gefäß setzen oder, wie eine saubere Reihe im Küchengarten, in Einzeltöpfen artig aufreihen.

Zu viele verschiedene Pflanzen in unmittelbarer Nähe wirken optisch verwirrend, es sei denn, Sie streben einen Dschungeleffekt an. In diesem Fall sollten Stil und Einrichtung der Küche allerdings zu dem Wintergarten-Ambiente passen, das durch eine solche Pflanzenfülle geschaffen wird. Um buchstäblich eine Wand aus Pflanzen aufzubauen, bringen Sie mehrere Reihen weißer Regalbretter (wie Gewächshausregale) in der Nähe eines Fensters an. Wählen Sie verschiedene grüne Blattgewächse mit unterschiedlichen Blattformen und stellen Sie sie in flache Zinkbehälter oder auf galvanisierte Abtropf-Tabletts in der Breite der Regalbretter. Für eine nahtlose Blätterwand mischen Sie hängende und auf-

Rechts So eine Reihe hübsch beschnittener, duftender Rosmarinsträucher *(Rosmarinus officinalis)* ist eine schöne Tischdekoration für heiße Sommertage. Die Pflanzen sind zu etwa 15 cm hohen Hochstämmchen herangezogen und stehen in attraktiv verwitterten Terracotta-Töpfen.

Links Der Bostonfarn (*Nephrolepis exaltata* »Bostoniensis«) bildet eine prächtige, kompakte Blätterkugel, die gut in diese Kücheneinrichtung passt. Gerade ländliche Küchen wirken durch die vielen unterschiedlichen Gerätschaften häufig optisch etwas unruhig. Mit großen, schlichten Pflanzen setzen Sie ein geschicktes Gegengewicht.

Rechts Einfache Ideen sind oft die besten. Der beschnittene Rosmarin-Strauch ergänzt das weiße Holz und die hellen Steinplatten in der Küche perfekt. Die biegsamen Triebe dreier junger Rosmarin-Pflanzen (*Rosmarinus officinalis*) wurden zu einem Zopf geflochten, um diese interessante, und doch ganz einfache Form zu erhalten.

recht wachsende Pflanzen, aber vermeiden Sie stachelige und mehrfarbige Blätter. In einer sonnigen Küche erhalten Sie so bald eine üppige, grüne Wand.

In jedem Raum richtet sich die Pflanzenauswahl natürlich nach den vorherrschenden Lichtverhältnissen, nach der Temperatur sowie nach der Luftfeuchtigkeit (siehe Seite 112 bis 132). Ländliche Küchen bieten für Pflanzen eher schwierige Bedingungen, weil sie meist der wärmste Raum im Haus sind. Aber auch sie haben kühle Plätzchen, etwa eine Fensterbank mit etwas Abstand zu Herd und Heizung. Kühle Waschküchen, Speisekammern oder Hauswirtschafträume sind ideal für Pflanzen, solange ausreichend Helligkeit vorhanden ist.

Sie müssen nur wenig Geld für neue Töpfe und Übertöpfe ausgeben, denn viele Küchengefäße lassen sich wunderbar als Pflanzgefäße zweckentfremden. Fast in jedem Haushalt gibt es cremefarbene Milchtöpfe, Keramikkrüge, Schüsseln aus Ton, Metalleimer oder Holzzuber, die ein ländliches Flair verströmen – vor allem, wenn Kräuter darin wachsen. Seien Sie auf der Suche nach Gefäßen erfinderisch, denken Sie an emaillierte Brotkästen, Back- und Auflaufformen. Selbst eine verzinkte Babybadewanne eignet sich ideal als pfiffiger Pflanzkübel. Alte Aluminium- oder Emailletabletts sowie hübsche Teller und Untertassen aus Keramik sind praktisch als Pflanzen-Untersetzer. Schön sind auch Ton-Blumentöpfe mit wasserfest glasierten Untersetzern. Der ländliche Stil sollte schlicht bleiben. Man kann Pflanzen auch in Plastiktöpfe setzen und diese in dekorativere Gefäße hineinstellen. Stehen die Töpfe in wasserdichten Gefäßen, müssen Sie sehr achtsam beim Gießen sein, um Staunässe zu vermeiden.

Links Die vier gedrungenen Dieffenbachien *(Dieffenbachia compacta)* lieben Feuchtigkeit und Wärme. Ihre großen, interessant geformten Blätter mit dem attraktiven Tupfenmuster passen am besten in eine ganz schlichte, schwarz-weiße Küche.

Rechts Prächtiger Zierkohl *(Brassica oleracea)* gibt dem Küchentisch eine witzige Note. Seine hübschen, rot-grün gemusterten Blätter kontrastieren reizvoll mit dem silbrigen Schimmer des Aluminiumkochtopfes. Auch Möhren, Tomaten, Auberginen und andere Gemüsepflanzen sehen als Ziergewächse pfiffig aus.

Links Ein niedriger Trog, bepflanzt mit Küchenkräutern, steht vor einem bis zum Boden reichenden Fenster und schafft so eine optische Verbindung zum Garten jenseits des Glases. Das aromatische Ensemble besteht aus Goldmajoran *(Origanum vulgare* »Aureum«*)*, zwei Sorten gelbblättrigen Thymians *(Thymus serpyllum* und *T. vulgaris* »*Aureus*«*)*, Krauseminze und Basilikum.

Das Wohnzimmer

Pflanzen bringen nicht nur Farbe und Charakter in den Raum, sondern sie tragen auch erheblich zum typischen Stil eines ländlichen Wohnzimmers bei. Binden Sie den Raum in den Zyklus der Natur ein, indem Sie die Pflanzen mit den Jahreszeiten wechseln. Mit verschiedenen Pflanzen können Sie für Herbst, Winter, Frühling oder Sommer die passende Stimmung schaffen. Alternativ könnten Sie im Wohnzimmer auch gerade die Pflanzen aufstellen, die im Garten zu dieser Zeit fehlen. Im Winter füllen Sie den Raum mit duftenden Pflanzen in warmen Farben und Schalen voller vorgetriebener Zwiebelblumen, die einen willkommenen Vorgeschmack auf längere, sonnige Tage liefern. Später erzeugen Sie dann die Illusion eines zeitig eingezogenen Sommers mit früh blühenden Geranien, duftendem Jasmin *(Jasminum polyanthum)* oder verschiedenen Zitrusgewächsen.

In einem ländlichen Wohnzimmer wirken wenige große Pflanzen schöner als viele kleine. Besonders elegant sieht es aus, wenn Sie die Fensterbank oder den Kamin mit paarweise aufgestellten großen Pflanzen einrahmen. Sie könnten Pflanzen auch auf zwei gleichen Beistelltischchen symmetrisch anordnen. Im Sommer sind Pflanzen wie die Strahlenaralie *(Schefflera actinophylla)*, die viel Schatten vertragen, auch vor

Rechts Eine große Emailleschüssel versteckt die schwarzen Kunststofftöpfe der kleinen Bostonfarne *(Nephrolepis exaltata* »Bostoniensis«*)*. Die üppige Fülle grüner Wedel bildet in diesem schlicht eingerichteten Raum einen willkommenen Blickfang, gleichzeitig lenkt das Arrangement das Auge auf den eleganten Schwan und die herrliche Aussicht mit Gräben und Wiesen.

Rechts Die kurze Blühsaison der Tulpen ist eine der Freuden des Frühlings. Das sanfte, dunkle Violett dieser »schwarzen« Tulpen harmoniert sehr schön mit dieser Ecke des ländlichen Wohnzimmers und bildet einen interessanten Kontrast zu den leuchtend gelben Schnittblumen. Diese Tulpensorte eignet sich gut für die Topfkultur, weil sie wegen ihrer relativ geringen Höhe ohne Stütze auskommt.

dem Kamin oder sogar darin ein dekorativer Blickfang. Kleine Pflanzen fasst man im Wohnzimmer besser zu Gruppen zusammen, statt sie einzeln zu präsentieren. Solche Pflanzengruppen wirken besonders schön in einem metallenen oder hölzernen Gefäß auf der Fensterbank.

Halten Sie Ausschau nach Gefäßen, die sich als interessante, improvisierte Jardinièren zweckentfremden lassen. Ursprünglich nicht für Pflanzen gedacht, aber bestens als Pflanzkübel geeignet, besonders für große Gruppen kleiner Pflanzen sind beispielsweise flache Melkeimer oder Wäschezuber, Saatkisten oder alte Besteckkästen. Kornmaße, Butterfässer, Eimer und Körbe bieten sich für größere Einzelexemplare an.

Das Wohnzimmer ist für Pflanzen ein schwieriger Lebensraum, weil die Temperaturen oft sehr schwanken – besonders im Winter, wenn der Raum abends stärker geheizt wird. Im Sommer sind die Temperaturen gleichmäßiger, und die Pflanzen fühlen sich wohler. Wegen der trockenen Heizungsluft im Winter müssen viele Blattpflanzen häufig gesprüht werden.

Oben Die Blätter dieser Duftblattpelargonie verströmen einen zarten Zimtduft, wenn man sie berührt. Die Pflanze passt besonders schön in diese ländlich-altmodische Umgebung, und sie harmoniert gut mit den warmen Brauntönen der Möbel sowie der Strohdekorationen.

Rechts Die bescheidene Primel *(Primula vulgaris)* ist eine perfekte Dekoration für den Raum im minimalistischen Shaker-Stil, zu bewundern im Amerikanischen Museum der englischen Stadt Bath. Die zartgelben Blüten verströmen eine Atmosphäre von frühlingshafter Ruhe.

Rechts außen Ebenfalls im Amerikanischen Museum in Bath steht dieses Arrangement aus dem frühen 18. Jahrhundert, das den optischen Reiz ungewöhnlicher Gefäße zeigt. Ein gestrichener Waschzuber auf Beinen enthält Primeln (Gold-Laced-Gruppe), die besonders gut in ihre historische Umgebung passen, weil diese zweifarbigen Blüten im 18. Jahrhundert äußerst beliebt waren.

The Changing Light at Sandover
James Merrill
Henri Cartier-Bresson

Links Auf dem Boden steht ein Topf mit blühender *Nerine* (Guernseylilie), die zwischen den kühlen Tönen dieses Lese- und Arbeitszimmers einen Farbakzent setzt und die strenge Geometrie der senkrechten Buchrücken dezent auflockert.

Rechts Der Geldbaum *(Crassula ovata)* hat den Wuchs eines kleinen, knorrigen Bäumchens und wird vom Fenster hübsch eingerahmt. Weil er aus der Wüste kommt, verträgt er auch die stärkeren Temperaturschwankungen in einem Arbeitszimmer.

Unten Zarte Schneeglöckchen *(Galanthus nivalis)*, die mitten im Winter aus einem Berg Moos ragen, heben die Stimmung des Schreibtisch-Arbeiters. Zwiebelpflanzen können im Herbst in flache Tonschalen gesetzt werden.

Das Arbeitszimmer

Pflanzen mit kleinen, interessanten Blüten sind ideal für den Schreibtisch, weil sie einer näheren Betrachtung bedürfen. Eine gute Wahl sind Schneeglöckchen, Maiglöckchen, Jasmin und Myrte, wobei die drei letzteren den Vorteil haben, dass sie herrlich duften. Ansonsten empfehlen sich für das Arbeitszimmer oder für die Bibliothek robuste, anpassungsfähige Pflanzen, die unregelmäßige Pflege und gelegentliche Vernachlässigung nicht gleich übel nehmen. Gut geeignet sind Sukkulenten wie der Pfennigbaum *(Crassula ovata)*, die Agave *(Agave americana)* und die Aloe *(Aloe variegata)* mit ihrer schönen Blattform. Auf einem Bücherregal sind sie reizvolle Hingucker und verleihen einem kleinen Arbeitszimmer das Flair eines botanischen »Kuriositäten-Kabinetts«.

Flur und Diele

Im Flur erkennt man die Einstellung der Bewohner zu ihren Pflanzen. Ein wahrer Pflanzenliebhaber dekoriert das Wohnzimmer nicht mit Exoten und hat für den Flur nicht nur eine kränkliche Grünlilie übrig. Gerade in Flur und Diele sind Pflanzen sehr nützlich, um den ländlichen Stil der Räume zur Einheit im ganzen Haus zu verbinden. Außerdem kommen Pflanzen gerade in spärlich möblierten Fluren, wo es jedoch reichlich Platz auf Fensterbänken und Fußboden gibt, bestens zur Geltung. Zusätzlich sind diese Durchgangsbereiche auch meist kühler als die Wohnräume, was einigen Arten durchaus entgegenkommt. Allerdings sind Flure und Dielen oft auch etwas dunkel. Mit geschickter Auswahl geeigneter Pflanzen ist dieses Problem jedoch zu lösen.

Zu den Pflanzen, die im Flur ländliche Atmosphäre verbreiten, gehören Efeu, Schusterpalme, Buchsbaum, Cyperngras und Aralie. Besonders Efeu und Buchsbaum schaffen im Eingangsbereich einen optischen Übergang zwischen Haus und Garten. Wenn sie zu einer Form gezogen oder geschnitten sind, entsteht im Haus die Atmosphäre eines formalen Gartens.

Links außen Das prächtige Cyperngras *(Cyperus alternifolia)* hat an diesem Flurfenster seine ideale Nische gefunden. Nur wenn die Temperaturen unter 10 °C fallen, muss es umgestellt werden. Im Tontopf versteckt sich ein Plastiktopf, der einen großen Wasservorrat für die Pflanze fasst.

Links Efeu *(Hedera helix)* passt gut zu dunklen Farben und eignet sich zur Zucht von Pflanzenskulpturen. Hierzu wird der Efeu an dicken Drähten oder Figuren aus Kükendraht gezogen. In diesem Treppenhaus aus dem 17. Jahrhundert im Amerikanischen Museum in Bath rankt der Efeu an zwei Drahtringen empor.

Unten Die Strahlenaralie *(Schefflera elegantissima)* kann bis zu 2 m hoch werden, als Jungpflanze eignet sie sich gut fürs Zimmer. Die schönen, fast schwarzen Blätter fallen im hellen Licht vor dem Flurfenster ins Auge. Ein metallener Weinflaschen-Träger aus dem 19. Jahrhundert dient als Übertopf.

Sie können zu Kugeln oder Pyramiden gestutzt sein, die aussehen, als seien sie aus einem klassischen französischen Garten entliehen. Schön wirkt Buchsbaum auch als Dekoration in Augenhöhe (siehe gegenüber). Ein solcher Ständer eignet sich ebenso für einen lang herabhängenden Efeu. Hohe, schlanke Pflanzenständer bieten sich für enge Räume an, wo der Platz für wuchtigere Möbel nicht ausreicht. Es gibt wunderschöne Pflanzenständer im Stil voriger Jahrhunderte. Sie können aber auch selbst ganz einfach eine schlichte, eckige Holzsäule mit etwa 23 cm Kantenlänge und 1,20 m Höhe bauen oder mit metallenen Topfregalen oder durchbrochenen Gemüse-Etageren experimentieren.

Es ist offensichtlich, warum Schusterpalmen einmal die beliebtesten Zimmerpflanzen waren. Sie sehen sehr schön aus, vertragen tiefen Schatten und raues Dielenklima. Sie stammen zwar eigentlich aus China und Japan, doch erinnern sie mich immer an Italien, wo sie sich als Kübelpflanzen für die Terrasse etabliert haben. Ihr einziger Nachteil ist ihr langsames Wachstum. Am besten sehen sie als große Büsche aus, doch diese Exemplare sind teuer. Wenn Sie eine kleinere

Unten Schlichte Formschnittfiguren passen gut zum fast minimalistischen Stil dieses Eingangsbereichs. Die Buchsbaum-Doppelkugel sticht klar von der weiß getünchten Ziegelmauer ab und kontrastiert gut mit dem goldgrünen Spindelstrauch *(Euonymus fortunei* »Emerald'n'-Gold«*).*

Links Flure vertragen dramatische Dekorationen wie diese: eine künstliche Buchsbaum-Girlande ist um eine Säule aus Metallstäben gewunden, die mit Moos gefüllt ist. Obendrauf steht eine Kugel aus echtem Buchsbaum *(Buxus sempervirens)*. Eine kühle Landhausdiele ist ideal für Buchsbaum, dem Zugluft nichts ausmacht. Weil er aber Licht braucht, sollte er den Sommer im Garten verbringen.

Pflanze kaufen und geduldig warten mögen, ist die Schusterpalme ideal für den Flur.

Schusterpalmen sollte man regelmäßig teilen, wenn sie für ihren Topf zu groß werden. So erhält man wertvolle Jungpflanzen. Man kann sie in verschiedenfarbigen Übertöpfen mit passenden Untersetzern präsentieren – eine beliebte Mode im 19. Jahrhundert –, aber ihre schönen Blätter kommen auch in schlichten Terracotta-Töpfen oder italienischen Kübeln mit Girlanden und anderen Mustern gut zur Geltung.

Schalen mit Zwiebelblühern sind in ländlichen Dielen ein schönes Willkommen, und in der kühlen Luft halten sie lange. Ein langer, schmaler Korb in der Form eines Blumenkastens, gefüllt mit Narzissen oder Hyazinthen, ist ein Fest für die Sinne und wirkt wie ein Garten im Haus. Einen ähnlichen Effekt erzielen Sie im Sommer mit einem Kasten weißer Lilien. Osterlilien *(Lilium longiflorum)* und Madonnenlilien *(L. regale)* eignen sich gleichermaßen.

Oben Ein Einblatt *(Spatiphyllum wallisii)* belebt diesen inneren Flurbereich, den keine Zugluft erreicht. Die üppigen Blätter wiederholen das Muster der William-Morris-Tapete. Feuchtes Moos im Übertopf aus Metallgeflecht speichert die nötige Feuchtigkeit.

Links Das Croton *(Codiaeum variegatum)* gibt es in vielen Blattfarben, die an die üppigen Einrichtungen des 19. Jahrhunderts erinnern. Es passt besonders gut zu dunkleren Farbschemata, etwa diesem Treppenflur mit seinem wuchtigen Möbeln und Bildern.

Rechts Eine französische Pflanzen-Etagere ist ein wundervolles Hilfsmittel, um interessante Pflanzenarrangements vor einem Fenster aufzubauen. Auf diesem Treppenabsatz haben die Bewohner mit Primeln und Cinerarien die Beschreibung von Edith Whartons eines Wohnzimmers aus den siebziger Jahren des 19. Jahrhunderts nachgestellt. Die modernen Hybriden haben ähnlich prächtige Farben, wie sie damals in Mode waren.

Das Schlafzimmer

Ein ländliches Schlafzimmer sollte ein Rückzugsort sein – ein aufgeräumter, ruhig-idyllischer Raum mit wenigen Bildern und nur den wesentlichsten Möbeln. Pflanzen können die Stimmung verstärken, und gerade im Gästezimmer sind sie ein Ersatz für Schnittblumen, weil sie dem Raum eine wohnliche Atmosphäre verleihen.

Großformatige Arrangements und schwer duftende Lilien lassen Sie am besten draußen. Wählen Sie stattdessen Pflanzen mit zartfarbigen, fein duftenden Blättern, etwa Duftblattpelargonien. Es gibt mehr als hundert Sorten, viele mit romantisch klingenden Namen wie »Velvet Rose«, »Pink Champagne«, »Carmen« oder »Swedish Angel«.

Wählen Sie Sorten mit interessanten Blattfarben, die mit Ihrer Schlafzimmereinrichtung harmonieren: Es gibt zahllose Farbvariationen, von Limonengrün über Goldgelb bis zu gedämpftem Rot. Pelargonien haben den zusätzlichen Vorteil, dass sie pflegeleicht sind.

Die gedämpften Farben süß duftender Kräuter geben einen schönen, beruhigenden Hintergrund für das Schlafzimmer. In seinem *Family Herball* (1756) vermerkt Thomas Hills, dass ein Thymianaufguss gegen Alpträume wirkt. Vielleicht ist auch ein Töpfchen Thymian neben dem Bett gut für den ruhigen Schlaf. Auch Lavendel ist ein besonders nützliches Kraut fürs Schlafzimmer. Es ist ein traditionelles Mittel gegen Schlaflosigkeit und wurde früher ausgestreut, um den Raum zu beduften. Weil er auch Motten vertreibt, steht er immer günstig in der Nähe des Kleiderschranks. Andere Kräuter, die sich auch gut für das Schlafzimmer eignen, sind Rosmarin, Majoran und Salbei. Sie alle gedeihen auf der Fensterbank. Kräuter sehen besonders schön aus, wenn man sie zu kleinen Halbkugeln, Kugeln oder niedrigen Hochstämmchen schneidet. Alte Abbildungen von Interieurs zeigen häufig Kräuter, die so in Form geschnitten sind, manchmal in schönen Gefäßen aus Majolika oder in Urnen aus Bronze oder Messing. Vor allem klassische Urnen würden sich in einem eichengetäfelten Schlafzimmer voller Bücher hinreißend machen.

Wer tagsüber selten ins Schlafzimmer geht oder sogar während der Woche außer Haus ist, kann die grü-

Links Dieses hübsche Paar Lavendelpflanzen ist zu Hochstämmchen herangezogen und zeigt den optischen Reiz einer symmetrischen Anordnung. Die beiden haben genau die richtige Größe, um auf der bemalten Holländerkommode aus Pennsylvania im Amerikanischen Museum in Bath Spalier zu stehen.

Rechts *Primula obconica* ist eine großblütige Primelsorte, die in vielen schönen Farben zu haben ist. Wegen ihrer Schlichtheit passt sie gut in dieses Schlafzimmer aus dem frühen 19. Jahrhundert mit der Schablonenmalerei an den Wänden (Amerikanisches Museum, Bath). Im kühlen Schlafraum halten ihre Blüten länger.

nen Bewohner leicht vergessen. Wählen Sie also Sorten, die nachlässige Pflege vertragen. Gut geeignet hierfür sind Lavendel-Hochstämmchen und Primeln *(Primula vulgaris* und *P. acaulis)*.

Vielleicht möchten Sie sich bei der Gestaltung Ihres Schlafzimmers auch vom Biedermeier im frühen 19. Jahrhundert anregen lassen, als Schlaf- und andere Räume buchstäblich in Gärten verwandelt wurden. Damals gab es eine Fülle spezieller Pflanzenmöbel – Tisch-Jardinièren, Ständer und Tröge mit Spalieren für Kletterpflanzen. Man zog Pflanzen an Gestellen zu den verschiedensten Formen. Besonders beliebt war der Kranz, der recht einfach zu formen und doch sehr dekorativ ist. Für einen kreisförmigen Rankrahmen reicht ein gebogener Draht völlig aus, z. B. ein Drahtkleiderbügel. Die beiden Enden werden dicht am Topfrand in die Erde gesteckt, dann windet man die Triebe der Pflanze darum. Viele Kletterpflanzen wie Passionsblume, Jasmin, Kranzschlinge, Efeu und Bleiwurz eignen sich gut dafür. Man findet auch fertig gezogene Pflanzen an Plastikspalieren, doch sehen diese nicht so attraktiv aus wie die selbst gebauten Klettergerüste. Weitaus dekorativer sind dagegen Pflanzenstützen in der Form von Leiern, Spiralen, Kugeln oder Schnörkeln. Fußbadewannen, früher ein allgegenwärtiges Schlafzimmerutensil, sind besonders stilvolle Behälter für die Schlafzimmerbepflanzung. Man kann noch heute solche Wannen aus verzinktem oder lackiertem Eisen, Emaille oder Keramik finden. Auch moderne Reproduktionen sind heute auf dem Markt. Am besten benutzt man sie als Übertöpfe und lässt die Pflanzen in ihren Töpfen. Eine große Anzahl von Schlafzimmerutensilien eignen sich gut als Übertöpfe, z. B. Waschschüsseln, Eimer und Nachttöpfe.

Links Die Passionsblume *(Passiflora caerula)* ist ein wüchsiger Kletterer, der schnell einen Ring begrünt. Sie passt gut zum französischen Empire-Stil dieses Schlafzimmers. Sie braucht aber sehr viel Sonne und muss im Sommer stets feucht gehalten werden.

Rechts Die cremefarbene Variante des Weihnachtssterns *(Euphorbia pulcherrima)* strahlt im Schlafzimmer Ruhe aus und harmoniert besonders gut mit einer ganz in Weiß gehaltenen Einrichtung. Hier sorgen drei Pflanzen in einer abgeschmirgelten Fußbadewanne für üppige Blattfülle. Weihnachtssterne behalten ihre Blüten (die eigentlich farbige Hochblätter sind) Monate lang, darum eignen Sie sich gut als fester Bestandteil der Schlafzimmereinrichtung.

Das Badezimmer

Weil heute auch auf dem Land die meisten Badezimmer geheizt sind, gibt es viele Pflanzen, die sich hier wohl fühlen. Frauenhaarfarn *(Adiantum raddianum)* und andere Pflanzen, die feuchte Luft lieben, gedeihen im Bad prächtig. Wer es exotischer mag, wählt Bananenpflanzen *(Musa paradisiaca, M. velutina* oder *M. acuminata* »Dwarf Cavendish«*)*, die ebenfalls die feuchte Badezimmerluft mögen. Auch der Bubikopf *(Soleirolia soleirolii)* gedeiht im Bad und bildet, in flache Schalen gepflanzt, grüne Kissen (leider nicht zum Sitzen).

Wer bei einem langen Wannenbad einen ländlichen Anblick genießen möchte, sollte duftende Pflanzen wie Hyazinthen, Tuberosen *(Polianthes tuberosa)* oder Maiglöckchen *(Convallaria majalis)* wählen, die durch ihren Duft dem Bad etwas Luxuriöses verleihen.

Kalte Badezimmer in alten Häusern, die vielleicht nur an Wochenenden benutzt werden, verlangen viel robustere Pflanzen wie Efeu, Pfennigbaum oder Schusterpalme, die Kälte und seltenes Gießen vertragen. Ich persönlich mag buntblättrigen Efeu nicht sehr gern, aber es gibt einige Sorten mit interessant geformten Blättern, z. B. *Hedera helix* »Colymii« (dreieckige Blätter), *H. sagittaefolia* (lange, dünne Spitzen) und *H. canariensis* (große, einfarbig grüne Blätter), die attraktiv von einem Regal herabhängen oder einen Drahtrahmen umranken können.

Links Holländische weiße Hyazinthen *(Hyacinthus orientalis* »L'Innocence«*)* beleben dieses Bad in schlichtem Grau und Weiß. Ihr Duft, der an luxuriöse Seifen erinnert, passt perfekt in diesen Rahmen.

Links außen Hier darf der Efeu *(Hedera helix)* ganz ohne die lenkende Hand des Menschen über das Fensterbrett ranken. Efeu war im 19. Jahrhundert eine der beliebtesten Zimmerpflanzen, und seit den fünfziger Jahren des 20. Jahrhunderts erfreut er sich wieder großer Beliebtheit, weil er so vielseitig ist. Je nach Geschmack kann man ihn streng formen oder zu malerischen Kaskaden herabhängen lassen.

KLASSISCHE ELEGANZ

Formale Arrangements lassen sich in verschiedenen Epochen und Stilen finden. Ein klassisches Wohnzimmer aus dem 18. Jahrhundert ist ein exzellentes Beispiel, doch auch bestimmte Typen moderner Einrichtung können durchaus formal wirken – so beispielsweise der »Moderne trifft Klassik«-Look in Fleur Rossdales Londoner Haus (siehe Seite 53). Räume, die mit zahlreichen Pflanzen voll gestopft sind, wirken optisch oft zu komplex, um formale Ordnung auszustrahlen. Der Schlüssel zum formalen Stil liegt darin, die Elemente sorgfältig anzuordnen, etwa in symmetrischen Gruppen. Insgesamt ist es günstiger, wenige, aber bewusst ausgewählte Pflanzen zu präsentieren. Schön sind auch Paare oder Gruppen von vier oder mehr Pflanzen, vielleicht zwei große und zwei kleine Exemplare der gleichen Art. Überlegen Sie auch, welche Bereiche des Raumes optisch durch die belebende Wirkung von Blättern oder Blüten gewinnen würden, und versuchen Sie, passende Pflanzen für den jeweiligen Rahmen zu finden. Wägen Sie ab, ob eine große, auf dem Boden stehende Pflanze schöner aussieht oder eine kleinere, die auf einem Möbelstück steht. Bedenken Sie auch, wo die Pflanze am besten ins Auge fällt: Der traditionelle Platz auf dem Fensterbrett ist in einem formal gestalteten Raum unter optischen Gesichtspunkten nicht unbedingt der beste.

Vorige Seite Eine schlanke, grüne Floristen-Vase aus Zinn gibt dem Winterjasmin *(Jasminum polyanthum)* Höhe. Senkrechte Proportionen sind besonders günstig für Pflanzen auf dem Esstisch, weil sie die Fläche geschickt unterteilen. Jasmin ist ein wüchsiger Kletterer, der regelmäßig zurückgeschnitten werden muss.

Links Der australische Teebaum mit dem grau angehauchten Blättern wurde zu einem Kugel-Hochstämmchen gestutzt. Seine schlanke, senkrechte Gestalt harmoniert gut mit den klaren senkrechten und waagerechten Linien der Möbel.

Rechts Zwei kleine Korallenbäumchen *(Solanum capsicastrum)* in weißen Keramiktöpfen sehen wie Miniatur-Orangen aus und geben dem Kaminsims ein weihnachtliches Flair. Die runde Form der Früchte wiederholt sich in den Glasanhängern des Leuchters.

Die Küche

Eine formale Küche wird aufgeräumter wirken als andere Küchen, und sie kann durchaus auch als Kombination von Koch- und Essbereich genutzt werden. Es ist nützlich, Pflanzen mit doppelter Funktion zu wählen, die sowohl alltägliche Dekoration als auch Blickfang bei einem festlichen Essen sein können. Zu besonderen Anlässen können die Pflanzen auch auf Arbeitsflächen arrangiert werden (siehe unten).

Hat die Küche ein klares Farbschema, sollten Blätter und Blüten darauf abgestimmt sein. Mehrfarbige Blätter bieten eine Abwechslung zu schlichtem Grün und können, solange die Farbmischung im Rahmen bleibt, sehr effektvoll sein. Zu den Pflanzen mit schön gezeichneten Blättern gehören Pelargonien, Spindelstrauch, Efeu, Schusterpalme, Gräser wie z. B. *Carex* (Segge) und Grünlilie *(Chlorophitum).* Pflanzen mit silbrigem Blättern sehen in Küchen mit vorwiegend neutralen und metallenen Flächen hinreißend aus. Hier bieten sich neben verschiedenen Agaven weitere Sukkulenten wie Aloe und Echeveria an, daneben auch Eukalyptus. Als Übertöpfe empfehlen sich Terracotta-Gefäße, weiß glasierte Keramiktöpfe und klassische Urnen. Auch die silbrigen Farbtöne von verzinktem Eisen, Gusseisen, Aluminium oder Blei passen gut.

Links Diese Agave *(Agave americana)* hat ein sanftes Blaugrün, das an die Patina von altem Kupfer erinnert. Mit ihren markanten Blättern wirkt sie in dieser ganz in Blau und Grün gehaltenen Küche wie eine Skulptur. Sie sollte jedoch so platziert werden, dass sich der Koch nicht an den spitzen Stacheln verletzen kann.

Rechts Die hellen, panaschierten Blätter der Duftblattpelargonie und des zierlichen Spindelstrauch-Hochstammes *(Euonymus japonica)* bilden auf dem Tisch ein Ensemble, das gut mit den hellen Creme- und Grautönen der Einrichtung harmoniert.

Sogar anspruchslose Grünlilien *(Chlorophytum comosum* »Vittatum«*)* können ausgesprochen dekorativ sein. Hier haben sie einen Ehrenplatz in prächtigen Gusseisen-Urnen erhalten, in denen sie neben der Gartentür Spalier stehen. So lenken sie den Blick aus der Küche in den Wintergarten und schlagen damit gekonnt die Brücke zwischen Drinnen und Draußen.

Das Wohnzimmer

In klassisch-eleganten Wohnzimmern sind Symmetrie und Erhabenheit durchaus angemessen, und großformatige Gewächse wirken ebenso gut wie Gruppen kleinerer Pflanzen.

Generell sollten Sie überlegen, welcher Bereich des Raumes optisch durch die belebende Wirkung von Blüten und Blättern gewinnen könnte. Dann versuchen Sie, für den jeweiligen Standort die passenden Pflanzen zu wählen. Wägen Sie ab, ob eine große, auf dem Boden stehende Pflanze schöner aussieht oder eine kleinere, die auf einem Möbelstück steht. Bedenken Sie auch, wo die Pflanze am besten ins Auge fällt: Der traditionelle Platz auf dem Fensterbrett ist in einem formal gestalteten Raum unter optischen Gesichtspunkten nicht unbedingt optimal – wenngleich die Nähe zum Fenster natürlich wichtig ist. Zwei gleichartige Pflanzen auf einem Beistelltischchen oder Ständer zwischen zwei Fenstern sehen in einem klassischem Ambiente gut aus, ebenso symmetrische Paare. Wie im Garten sollte man die Pflanzen zwei Gruppen zuordnen: den ständigen und den saisonalen. Als ständigen grünen Rahmen eignen sich z. B. Zimmerlinde *(Sparrmannia africana)* und Efeu *(Hedera helix)*, die je nach Jahreszeit durch blühende Pflanzen ergänzt werden können.

Pflanzen machen einen Raum im Alltag wohnlich, sie können aber auch dramatische Effekte für besondere Anlässe zaubern. Früher verfüg-

Oben *Dendrobium* »Emma White« ist eine der zahlreichen Orchideen, die bei geeigneten Bedingungen auch im Haus gedeihen. Hier bildet sie ein Ensemble mit einer japanisch gestalteten Wand in einem Übertopf im chinesischen Stil. Die Orchideen sehen exotisch und etwas dekadent aus, ihr schwerer Duft erinnert an üppige Gewächshäuser.

Links Die Kentia-Palme *(Howea forsteriana)* in dem großen blau-weißen chinesischen Kübel ergibt zusammen mit dem strengen Stuhl aus dem Jahre 1880 ein überzeugendes Jahrhundertwende-Bild. Damals erfreuten sich Palmen in Häusern mit künstlerischen Ambiente großer Beliebtheit, weil der Stil des Mittleren Ostens in Mode war (wenngleich die *Howea* aus Ozeanien stammt).

Rechts Große Pflanzen nehmen außergewöhnlich hohen Räumen etwas von ihrem einschüchternden Charakter, ohne ihre Eleganz zu mindern. Zwei Kentia-Palmen *(Howea forsteriana)* im Erdgeschoss und auf der Galerie verbinden optisch die beiden recht unterschiedlich eingerichteten Räume.

ten Besitzer großer Anwesen über üppige Pflanzensammlungen, vor allem Palmen und Blumen, die nur zu speziellen Gelegenheiten aus dem Gewächshaus geholt wurden. Natürlich ist das keine Lösung für unsere Zeit, doch es ist praktisch, große Pflanzen in beweglichen Kübeln zu halten, so dass man sie im Sommer ins Freie bringen kann. Die Buchsbaum-Kübel (siehe Seite 51) sind ein Beispiel dafür. Solche Behältnisse mit Immergrünen kann man immer wieder neu arrangieren, etwa unter einem niedrigen Fenster oder zu einem Fest als »Hecke« in der Diele.

Pflanzen in großen Massen zusammen sehen hinreißend aus. Selbst die langweiligste Immergrüne ist, als großes »Zimmerbeet« benutzt, ein spektakulärer Anblick. Sie benötigen hierfür mehrere größere Pflanzen der gleichen Art, möglichst solche mit dichtem Wuchs. Probieren Sie einmal die Aukube (*Aucuba japonica*, einfarbig oder panaschiert), Myrte und Kamelie außerhalb der Blütezeit, vielleicht auch Eukalyptus *(Eucalyptus gunnii)* oder Grevilee *(Grevillea robusta)*, die sich im Zimmer durchaus wohl fühlen. Durch regelmäßigen Rückschnitt der Spitzen bleiben die Pflanzen schön kompakt. Arrangieren Sie Pflanzen verschiedener Größe oder stellen Sie sie auf ein Regal oder eine Etagere mit Höhenunterschieden von etwa 30 cm.

Oben Einfache Arrangements wirken in eleganten Räumen besonders stimmig – wie dieser Margeritenstrauch mit seinen weißen Blüten und silbrigen Blättern beweist. Für diese Pracht, die einen Durchmesser von mehr als einem Meter besitzt, wurden sechs Pflanzen in einen Terracottakübel gesetzt.

Rechts Diese Sitzecke mit der niedrigen »Buchsbaum-Hecke« *(Buxus sempervirens)* und den zierlichen Hochstämmen lädt zum gemütlichen Plaudern ein. Die Hecke spiegelt die Blätter vor dem Fenster und bildet einen schönen Vordergrund für den Garten.

Dictionary of Gardening
Dictionary of Gardening
Dictionary of Gardening

Dicke Sträuße von Schnittblumen in einem wie zufällig wirkenden Arrangement wirken ähnlich dekorativ. Selbst mit traditionellen Zimmerpflanzen lässt sich dieser Stil reproduzieren, der gerade in klassischen Wohnzimmern sehr schön wirkt. Am beliebtesten hierfür ist die Topfchrysantheme *(Chrysanthemum morifolium)*. Die Sorte »Charm« hat besonders dichte Blüten und einen schönen, kompakten Kugelwuchs. Auch der Margeritenstrauch *(Agryanthemum frutescens)* bildet hübsche, dichte Blütenkugeln, ebenso Cinerarien, Prärieenzian *(Eustoma grandiflorum)*, Glockenblumen *(Campanula)*, Fleißige Lieschen *(Impatiens)* und Hortensien *(Hydrangea macrophylla)*. Selbst Sträucher lassen sich in entsprechende Formen schneiden. Der neuseeländische Teebaum *(Leptospermum scoparium)* beispielsweise bildet, wenn er beschnitten wird, eine dichte Masse aus zartrosa oder roten Blüten. Eine zur Kugel geschnittene Myrte *(Myrtus communis)* ist in der Blüte einfach hinreißend, obwohl die Pracht nur kurz anhält.

Die gleiche kompakte, an einen Formschnitt erinnernde Gestalt kann man auch mit anderen Pflanzen erzielen. Der Bubikopf *(Soleirolia soleirolii)* beispielsweise lässt sich zu einer abgeflachten Kugel formen. Schön wirken auch üppige Blattpflanzen in großen Urnen oder Vasen. Setzt man mehrere Jungpflanzen der Dachwurz *(Sempervivum tectorum)* auf kuppelförmig aufgehäufte Blumenerde, so bilden sie schnell eine dicht bewachsene Halbkugel und wachsen auch über den Rand des Topfes hinaus, wenn man sie lässt. Ein anderer Effekt, der zu eleganten Wohnzimmern jeder Stilepoche passt, ist ein lebender Vorhang aus Blattpflanzen, der lang genug ist, um dramatische Wirkung zu entfalten.

Links außen Ein gewaltiger Känguru-Wein *(Cissus antarctica)* lässt dieses edle Wohnzimmer wie eine von Efeu überwucherte Ruine wirken. Er hat den idealen Standort, um ausreichend Licht vom Fenster zu erhalten und passt perfekt zu den Proportionen des Raumes. So eine Pflanze ist ein guter Ersatz für eine Jalousie oder ein Rollo.

Links Die Blüten des neuseeländischen Teebaums *(Leptospermum scoparium)* harmonieren perfekt mit der prächtigen chinesischen Tapete und dem warmen Rot des Stuhlbezuges in diesem Wohnzimmer im Stil des 18. Jahrhunderts. Trotz seines exotischen Aussehens gedeiht der Teebaum gut im Haus oder im kühlen Wintergarten. Er sollte im Sommer jedoch eine Weile im Freien stehen.

Unten Vier Töpfe Prärieenzian *(Eustoma grandiflorum)* geben in der klassischen runden Schale ein ruhiges Bild ab. Diese Ecke im Wohnzimmer der Innenarchitektur-Expertin Fleur Rossdale ist ein gutes Beispiel für ihre Philosophie »Klassik trifft Moderne«: Sie kombiniert Elemente im Stil des 18. Jahrhunderts mit modernen Materialien, hier der verzinkten Metallschüssel.

Efeu *(Hedera helix)* ist für diesen Zweck wunderbar vielseitig, darf aber nicht zu sparsam eingesetzt werden. Faszinierend sieht er als fortlaufender Fries knapp unter der Decke aus, gepflanzt in hängenden Trögen und an der Wand befestigt. Der Efeu sollte beschnitten werden, damit er die Pflanzgefäße eben verdeckt. Sicherlich ist das kein Vorschlag für jedermann, weil allein der Gießaufwand erheblich ist. Doch im richtigen Rahmen sieht so eine »Deckeneinrahmung« aus Efeu entzückend aus.

Das Reizvolle an Efeu ist, dass man ihn frei hängen lassen kann (siehe Seite 56) oder ihn auch an Drahtgestellen hoch ziehen (siehe rechts).

Einfacher Efeu *(Hedera helix)* ist hier an konischen Drahtgestellen gezogen und 32 cm tief in die Pflanzkästen im Versailler Stil eingesenkt worden. So wirkt er streng und klassisch. Ein fast raumhoher Spiegel verdoppelt optisch die Anzahl der Kästen und reflektiert das Licht, so dass der Raum ungewöhnlich hell und luftig wirkt. Efeupyramiden sind schnell und einfach zu ziehen. Setzen Sie drei Pflanzen in einen Topf mit 30 cm Durchmesser und ziehen Sie die Ranken an den Drähten in die Höhe. Nach Bedarf werden die Triebe gestutzt oder angebunden. Steht der Efeu im geheizten Raum, muss er regelmäßig mit Wasser benetzt werden.

Als Kletterpflanze an einem Spalier bildet er eine dichte Wand, die ebenso als »Gardine« am Fenster (siehe Seite 53) sowie als Raumteiler fungieren kann. Für diese Zwecke wurde Efeu sowohl im Biedermeier im frühen 19. Jahrhundert als auch in den fünfziger Jahren des 20. Jahrhunderts verwendet.

Es hat Tradition, im Sommer Pflanzen vor und in den Kamin zu stellen, um so einen lebenden Blickfang zu schaffen. Da die Pflanzen hier nur vorübergehend stehen, sollte sich auch das spärliche Licht nicht als Problem erweisen. Oft sieht man Blumen auf dem Kaminsims über der Feuerstelle. Reizvoll sehen nicht nur Paare oder Reihen von Vasen aus, auch Urnen oder Körbe voll blühender Pflanzen verschönern den Kamin. Probieren Sie einmal weiße oder silberne Gefäße in der Form klassischer Urnen mit Glockenblumen *(Campanula)*, Cinerarien oder weißen Usambaraveilchen *(Saintpaulia)*. Attraktiv sind auch die dichten, strengen Blütenkugeln verschiedener Chrysanthemen-Arten.

Oben Nestfarn *(Asplenium nidum)* bildet vor dem gusseisernen Kamininneren einen dekorativen, leuchtend grünen Blickfang. Er liebt den Schatten, braucht aber viel Feuchtigkeit. Um die Verdunstung herabzusetzen, sind die Pflanztöpfe mit Plastik umwickelt, das von Sphagnum-Moos versteckt wird.

Links Wenn man einen so prächtigen Efeu *(Hedera helix)* sieht, versteht man, warum viktorianische Schriftsteller wie John Ruskin und Shirley Hibberd ihn für die schönste aller Pflanzen hielten – im Haus wie im Garten. Hier kommen die langen Ranken, die aus einer alten Gartenurne mit ehrwürdiger Patina auf einer hölzernen Säule herabfallen, vor dem hellen Hintergrund des Fensters optimal zur Geltung.

Rechts Dieser Efeu *(Hedera helix)*, an Drahtgestellen zu Kugeln gezogen, ergänzt die Sterndekore auf den Tischen dieses eleganten Esszimmers. Die Farbe der Blätter harmonieren mit den Farben der Blätter auf Bildern und Wandbehängen.

Rechts Halbkugelige Bubikopfkissen *(Soleirolia soleirolii)* sehen in diesen lackierten, klassischen Urnen aus Gusseisen besonders schön aus. Solche symmetrischen Arrangements sind eines der typischen Merkmale des klassisch-formalen Stils.

Links Nur wenige Pflanzen sind so elegant wie weiße Kamelien. Das dunkelgrüne, glänzende Blattwerk der *Camellia japonica* »Hagoromo« sieht auch dann noch edel aus, wenn die Pflanze ausgeblüht hat. Die cremefarbenen Blüten geben diesem Bild ein luxuriöses Flair. Die Kamelie steht in einem Plastiktopf, der wiederum in einen mit Moos ausgestopften runden Wäschekorb auf Beinen gestellt wurde – ein Beispiel dafür, wie sich Gefäße kreativ zweckentfremden lassen. In einem kühlen Raum mit hellem Licht hält die Blüte im Frühling recht lange.

Rechts In diesem strengen Flur mit seiner sich wiederholenden Abfolge aus Möbelstücken und Bildern sorgen schlichte Arrangements aus Efeu *(Hedera helix)* und weißen Petunien für Auflockerung und lassen den Raum gleichzeitig luftiger wirken. In einem farblich so dezent gehaltenen Raum würden bunte Blüten zu aufdringlich wirken.

Das Schlafzimmer

Je nach Art der Benutzung gibt es verschiedene Möglichkeiten, einen formalen Schlafraum zu gestalten. Manche Schlafräume dienen zugleich als Wohnraum – und sind im Grunde eher ein Boudoir, in dem man liest, Briefe schreibt oder am Telefon plaudert. Andere sind funktionaler, lediglich dem Schlafen und Ankleiden vorbehalten. Außerdem sind manche Schlafräume für Morgenmenschen gestaltet, mit hellen, leuchtenden Farben für ein fröhliches Erwachen (siehe Seite 62). Andere dagegen sind für die Nacht gedacht und können lauschig oder opulent sein (siehe rechts). Für alle Zwecke gibt es die passenden Pflanzen.

Ein Schlafzimmer für das morgendliche Lesen und Grübeln verlangt nach einer beruhigenden Pflanze ohne aufdringlichen Geruch. Perfekt wäre ein kleiner Baum mit einem lockeren Zweiggerüst, durch das das frühe Morgenlicht in den Raum fällt. Die zarten grünen Blätter der Zimmerlinde *(Sparrmannia africana)* bildet einen herrlich lichten Schirm, ebenso die Blätter des Abutilon (*Abutilon striatum* »Thompsonii«). Beide bevorzugen einen Platz an einem Ostfenster und nur mäßige Wärme. Wie die Zimmerlinde wird der Abutilon schnell 2 m und mehr hoch, und er wirft angenehm diffusen Schatten.

Um dem Schlafzimmer das ruhige Flair eines formalen Gartens zu verleihen, bieten sich in Form geschnittene Monterey-Zypressen *(Cupressus macrocarpa)* an. Diese Zypressen sehen im Freien eher scheußlich aus, eignen sich aber überraschend gut als Formschnitt-Zimmerpflanzen. Die Sorte »Goldcrest« hat – wie der Name verrät – ein helles Goldgrün und ist eine der hässlichsten Gartenpflanzen. In einem Zimmer mit entsprechender Farbgebung, vielleicht Weiß oder Dunkelgrün, sieht sie durchaus reizvoll aus. Stutzen Sie die Pflanzen zu Hochstämmchen, Pyramiden, Zylindern oder Kugeln und setzen Sie sie nicht dem direkten Sonnenlicht aus. Sie werden 2 bis 3 m hoch, können auf dem Boden stehen und passen gut zu schlichten Terracotta-Kübeln oder weiß glasierten Keramik-Übertöpfen.

Die Zimmercalla *(Zantedeschia aethiopica)*, hier in einer Kopf-Vase der Bildhauerin Oriel Harwood, passt perfekt in dieses üppige Schlafzimmer in »Dämmerungsfarben«. Die Calla gehörte in den dreißiger Jahren des 20. Jahrhunderts zu den beliebtesten Pflanzen, vielleicht weil sie an die schräg geschnittenen Kleider erinnert, die damals groß in Mode waren.

Links Eine Schale mit frühen Primeln bringt einen Vorgeschmack auf den Frühling. Diese Kulturprimel *(Primula acaulis)* ähnelt der wilden Primel *(P. vulgaris)*, hat jedoch größere Blüten. Sie ist eine schöne Zimmerpflanze, die mit ihrer Schlichtheit gut zum eleganten Stil passt.

Links Großformate sind das Charakteristikum dieses Schlafzimmers ganz in Weiß. Dazu passt auch die schlichte, gewaltige Birkenfeige *(Ficus benjaminii)*. Der Topf ist um wenige Zentimeter angehoben, so dass die Blätter die Decke erreichen. Das lässt den Baum noch imposanter wirken. Zugleich korrespondiert er dadurch gut mit den Bildern, die ebenfalls betont hoch hängen.

Wenn man ein Schlafzimmer vor allem für die Abendstunden entwirft, spielt die Beleuchtung eine wichtige Rolle. Überlegen Sie also, wie Pflanzen bei Kunstlicht wirken. Tageslicht ist zwar die natürlichste Form von Licht für Pflanzen, und alle Pflanzen brauchen eine gehörige Portion der darin enthaltenen ultravioletten Strahlen, aber es ist interessant, die veränderte Wirkung von Pflanzen bei geschickt platzierter Beleuchtung zu beobachten. Die meisten guten Beleuchtungsideen stammen aus den dreißiger Jahren des 20. Jahrhunderts, und die moderne Beleuchtungstechnik greift noch heute auf Konzepte zurück, die vor sechzig und mehr Jahren entwickelt wurden. Schon damals gab es spezielle Installationen, um mit Glühlampen unter einer Scheibe aus Strukturglas Pflanzen und Schnittblumen von unten anzustrahlen. Heute gibt es andere technische Lösungen für den gleichen Zweck. Kleine Erdspieße mit Niedervolt-Halogenbirnen, oft mit nur 20 Watt, werden speziell zum Einstecken in Blumenkübel angeboten. Sie strahlen die Pflanze an, ohne den Effekt der Gesamtbeleuchtung im Raum zu beeinflussen. Das ist gerade im Schlafzimmer wichtig, wo ein helles Deckenlicht die Atmosphäre komplett verändern würde. Solche Halogenstrahler sind ideal für Pflanzen mit lockerem Wuchs und einem klar abgegrenzten Stamm von mindestens 15 bis 30 cm Länge. Palmen, Dracenen und Keulenlilien, aber auch immergrüne Blattpflanzen wie Fatsia, Fensterblatt oder Ficus lassen sich so ins rechte Licht setzen.

Oben Die skurrilen, auffällig geäderten und gefärbten Blätter des Caladium *(Caladium x hortatum)* passen gut in dieses klassische Bad mit schwarzen und terracotta-roten Biedermeier-Möbeln. Gerade im Biedermeier eroberten die Zimmerpflanzen buchstäblich alle Räume im Haus. Caladien fühlen sich in der feuchtwarmen Luft eines Badezimmers besonders wohl.

Das Badezimmer

Mancher meint, ein formales Badezimmer sei ein klinisch weißer Raum mit minimaler Dekoration und gewiss ohne Pflanzen.

Das ist keineswegs der Fall. Pflanzen leisten einen wichtigen Beitrag zur Wirkung der Gesamtdekoration. Sie mildern die Härte von Fliesen und Lack, die hier aus praktischen Gründen nötig sind.

Das besondere Klima eines Badezimmers – feucht, warm und ohne Zugluft – ermöglicht die Haltung vieler Pflanzen, die es anderswo im Haus schwer hätten. In einem formalen Badezimmer ist ein Dschungel aus hängenden Pflanzen nicht angebracht. Wählen Sie lieber kleine, ungewöhnliche Gewächse, die genaues Hinsehen verdienen. Königsbegonien und Caladium lieben die feuchte Atmosphäre, und sie sind in vielen verschiedenen Blattfarben und -formen erhältlich. Auch im Bad strahlen symmetrische Pflanzenpaare eine ruhige Harmonie aus, die besonders gut zum formalen Stil passt.

Sowohl Caladien als auch Königsbegonien können exotisch und recht dominant wirken und darum im Bad als eher ungewöhnliche Wahl angesehen werden. Trotzdem haben sie durchaus ihren Reiz, und ihr besonderer Vorteil ist ihre Farbenvielfalt. Fast zu jeder Einrichtungsfarbe wird man passende

Rechts Dieses üppige grüne »Beet« aus Frauenhaarfarn *(Adiantum raddianum)* in blau-weißen Übertöpfen passt gut in das Bad im Stil der dreißiger Jahre des 20. Jahrhunderts. Die Farne lieben Schatten und Feuchtigkeit. Der ideale Platz ist auf dem Bord neben der Badewanne.

Links Die gekräuselten Blattränder des Hirschzungenfarns *(Asplenium scolopendrium)* lockern den streng funktionalen Stil dieses sachlichen Badezimmers in Chrom und Marmor angenehm auf.

Blattfärbungen finden. Diese gefleckte Begonienart (siehe oben) hat im Vergleich zu den Arten mit den samtigen, herzförmigen Blättern ein modernes Aussehen. Sie passt besonders gut in ein formales Bad. Es gibt weitere Begonienarten in vielen Kombinationen von Grün, Limonengrün, Rot, Creme und Braun, die in einem farbig gestalteten Bad den Strukturen der Wände und Fliesen etwas Üppiges entgegensetzen.

Farne sind ideal für dunkle Badezimmer mit Nord- oder Ostfenstern. Der große Vorzug von Farnen ist das frische Grün ihrer Blätter, das ein düsteres Farbschema auffrischen, aber ebenso einen nüchternen weißen Raum beleben kann. In großen Gruppen, arrangiert wie Skulpturen, sehen sie hinreißend aus. Auf diese Weise kann man größere Farne sogar für attraktive Arrangements auf dem Fußboden verwenden.

Der Frauenhaarfarn *(Adiantum raddianum)* ist eine reizende, fiedrige Pflanze in zartem Grün. Wer es etwas markanter mag, sollte den Schwertfarn *(Nephrolepis exaltata)* mit den steif nach oben gerichteten Wedeln wählen, vielleicht auch dessen überhängenden Verwandten, den Bostonfarn *(N. e. »Bostoniensis«)*. Frauenhaarfarne kommen erst in der Gruppe richtig zur Geltung, der Bostonfarn dagegen fällt, auf einem Beistelltisch oder niedrigen Schrank, auch allein oder als Paar ins Auge.

Links Zu den kühlen Metallicfarben dieses Badezimmers bilden die gefleckten Begonienblätter einen interessanten Kontrast, während die Übertöpfe perfekt mit den Wänden harmonieren. Die meisten Begonien erinnern stark an den Stil des 19. Jahrhunderts, doch dieses Fleckenmuster hat etwas deutlich Modernes.

Unten Rein weiße Hortensien in einem schlichten weißen Übertopf vermitteln ein Gefühl von Ordnung in diesem schönen maritimen Bad. Der Spiegel hinter der Pflanze dupliziert ihre Wirkung. Hortensien müssen während der Blüte im Frühling und Sommer kühl stehen, ein stark geheiztes Bad wäre der falsche Platz.

FARBE UND FORM

In diesem Kapitel befassen wir uns mit dem breit gefächerten Potenzial der Farben und Formen verschiedener Pflanzen. Reizvolle Effekte lassen sich einerseits durch die Art der Platzierung von Pflanzen im Haus erzielen, andererseits durch ihre Merkmale selbst. Es gibt viele farbenfroh blühende Zimmerpflanzen, doch die Blickfangwirkung entsteht ebenso durch die Farbe selbst wie durch die Wechselwirkung mit ihrer Umgebung. Auch Blattformen und Pflanzengestalten betrachten wir hier, und wieder ist es die Beziehung zur Umgebung, die für Überraschungen sorgt. Der Begriff »architektonisches Blatt bzw. Laub« für interessante Blattformen wurde in den dreißiger Jahren des 20. Jahrhunderts geprägt, vermutlich von dem Schweizer Pflanzenexperten M. Correvon. Es geht darum, Pflanzen mit skulpturhaften Blättern zu beschreiben und wie die Gestalt einer Pflanze im Raum wirkt.

Vorige Seite Die Wiederholung der schlichten, senkrechten Form des Kaktus *(Trichocereus)* gibt dem Raum architektonische Klarheit, ähnlich wie Säulen eine Fassade gliedern. Pflanzen mit schlichter Form lassen sich sehr effektvoll für solche Wiederholungsmuster einsetzen.

Oben Das auffällige Sonnengelb der Wand, der fernöstlich wirkende Lacktisch und die beiden Caryatiden-Leuchter der Bildhauerin Oriel Harwood fordern geradezu eine Pflanze von dramatischem Äußeren. Das markante architektonische Blattwerk der spanischen Yucca *(Yucca aloifolia)* passt perfekt in diesen Rahmen.

Links Die langen, schmalen Blätter des indischen Gummibaums *(Ficus binnendykii)* wiederholen das Strukturmuster der Lamellenjalousie. Wie alle Ficusarten braucht auch der indische Gummibaum viel Licht, darum fühlt er sich an diesem Standort sehr wohl.

Rechts Eine gewaltige Yucca *(Yucca elephantipes)* hat ihren Platz in diesem skurrilen modernen Ambiente gefunden. Eine große Pflanze kann durchaus eine optische Brücke zu anderen, kleineren Elementen im Raum schlagen.

Die Küche

Pflanzen in leuchtenden Farben passen ebenso in Stahl-und-Glas-Küchen wie in solche, die in klaren Primärfarben eingerichtet sind. Eine markant aussehende Pflanze wie das Cyperngras *(Cyperus alternifolius)* oder die Segge *Carex diffusus* setzen sich auch in einem gewagten Farbschema durch. *Cyperus papyrus* hat eine ähnliche Form, ist aber schwieriger zu pflegen. Auch die Grasart *Scirpus cernuus* sieht interessant aus, und besonders als wiederholtes Muster mehrerer Pflanzen auf dem Fensterbrett rahmt sie den Blick nach draußen wie eine »Zimmerwiese« ein. Ganz ähnlich wirkt auch Kresse. Sie bildet einen hübschen grünen Teppich und sieht, sofern man sie säuberlich mit der Schere schneidet, auch nicht hässlich aus, wenn sie teilweise abgeerntet ist. Eine andere ungewöhnliche Pflanze für die Küche ist die einfarbige oder gestreifte Ananas *(Ananas comosus* und *A. c.* var. *variegatus)*. Die stachligen Blätter sehen reizvoll aus, vor allem als wiederholte Elemente in einer Reihe (siehe Seite 101). Ananas harmoniert gut mit starken Farben.

Links Lange, schmale Tröge voll bunter Stiefmütterchen *(Viola x wittrockiana)* stehen auf einem Schieferbord in Augenhöhe: eine einfache und doch wunderbar effektvolle Idee, um in einen winterlich kühlen Raum lebhafte Farben zu bringen.

Rechts Skurriles Cyperngras *(Cyperus alternifolius)* steht vor einer einfarbigen Wand, auf der der Schatten seiner klar umrissenen Blätter interessante grafische Muster malen darf. Seine elegante, relativ kompakte Wuchsform harmoniert gut mit den schlichten, modernen Möbeln in Dawna Walters Küche (Geschäftsführerin von The Holding Company, siehe Seite 133).

Das Wohnzimmer

Manche eher bescheidenen Pflanzen gewinnen erst durch die Umgebung, in der sie platziert werden, an Originalität. So können leuchtende Blüten, die in einem geschmackvoll-gedämpften Interieur langweilig wirken würden, faszinierend effektvoll sein, wenn sie mit ihrem Hintergrund kontrastieren oder durch diesen erst betont werden. In diesem Sinn ist das Orange einer Clivienblüte vor einer limonengrünen Wand zwar keineswegs ruhig, doch gewiss bemerkenswert. Das intensive Gelb einer Sonnenblume sieht vor einem tieferen Gelbton besonders warm und sonnig aus. Es macht Spaß, mit solchen saisonalen Farbeffekten zu spielen, besonders mit Blühpflanzen wie Cinerarien, Chrysanthemen, Alpenveilchen und Fleißigen Lieschen, die hauptsächlich wegen ihrer leuchtenden Farben gezüchtet werden.

Der Kaktus hat eine bemerkenswerte Renaissance erlebt. Für Stilbewusste ist er eine Reverenz an die fünfziger Jahre des 20. Jahrhunderts und seine damalige Entdeckung als dekoratives Accessoire in der Moderne der amerikanischen Westküste. Die Glaswohnhäuser des Architekten Richard Neutra, neben Swimmingpools in fließenden Formen in Wüstenlandschaften gesetzt, sind das wahre Heim des Kaktus.

Je größer Kakteen sind, umso besser. Ihre skulpturhaften Formen wirken am besten vor einem ruhigen Hintergrund. Nun ist es nicht einfach, eine Sammlung verschiedener kleiner Kakteen dekorativ anzuordnen, und andererseits sind große Exemplare sehr teuer. Überlegen Sie, kleine Pflanzen an einem unauffälligen, sonnigen Platz im Haus heranzuziehen, möglichst nur zwei oder drei Arten mit kontrastierenden senkrechten und

Links Die Kombination aus dem leuchtend pinkfarbenen Korb und der streng in Form geschnittenen Monterey-Zypresse *(Cupressus macrocarpa* »Goldcrest«*)* ist geschickt gewählt. Der Kontrast zu den gelblich-grünen Blättern und dem karierten Vorhang schafft in diesem Zimmer in leuchtendem Blaugrün eine fröhlich-sonnige Stimmung.

Rechts Dies ist ein Beispiel für ein konsequent durchgehaltenes Farbschema, zu dem eine exakt passende Bougainvillea *(Bougainvillea glabra)* gefunden wurde. Die Bougainvillea sieht leicht künstlich aus, was in dieser Kombination aus üppigen Polstermöbeln mit sehr schlichter, ländlicher Bausubstanz aber durchaus stimmig wirkt.

The Painted Page
INDIA

gedrungenen Formen. Ich finde, bei Kakteen zählt eigentlich nur die Form, und die Blüten sind manchmal fast zu viel. Nun blühen die meisten Sorten nur einmal im Jahr oder mit etwas Glück gar nicht.

Zu den attraktiven, senkrecht wachsenden Arten gehören die Säulenkakteen *Trichocereus candicans* (1 m hoch und verzweigt) und *Notocactus leninghausii* (bis 60 cm hoch). Der Feigenkaktus *(Opuntia robusta)* stammt aus den USA, wächst aber vielfach auch im Mittelmeerraum. Er hat eine interessante, markante Form, die an aufgetürmte Kaninchenohren erinnert. Wegen seiner giftigen Stacheln sollte sein Standplatz allerdings mit Bedacht gewählt werden. Ein schöner Kugelkaktus ist *Echinocactus grusonii.* Er hat den Vorzug, selten zu blühen.

Das Gefäß, in das ein Kaktus gepflanzt werden soll, muss sorgfältig vorbereitet sein. Für die gute Drainage ist ein Abzugsloch unerlässlich. Wer einen Übertopf wählt, sollte unbedingt darauf achten, dass der eigentliche Pflanztopf nie im Wasser steht. Da Kakteen von ihrer Form leben, wählen Sie am besten Töpfe, die mit der Pflanzengestalt harmonieren. Einfarbige Töpfe sind günstig, damit Textur und Farben des Kaktus für sich sprechen können.

Oben Die Blätter der Clivie *(Clivia miniata)* sehen auch außerhalb der Blütezeit elegant aus. Hier bilden sie einen reizvollen Kontrast zu dem Chrom-Übertopf und den Farben von Tisch und Wand. Clivien gibt es mit roten, orangefarbenen, gelben und cremefarbenen Blüten, die sich im Frühsommer öffnen.

Links außen In diesen Raum, in dem asiatische und klassische Elemente aufeinander treffen und mit modernen Farben und Details kombiniert werden, passt eine exotsche Pflanze mit bizarrer Form. Die markante, senkrechte Gestalt der *Cycad encephalatus* passt perfekt zu dem großen, schlichten Diwan, einer indischen Variante des Regency-Stil. Das Licht des hohen Fensters gibt ihr den rechten Rahmen. (Dieses Bild und das Foto links wurden aufgenommen im Haus von Dawna Walters, der Geschäftsführerin von The Holding Company, siehe Seite 133.)

Links Ein feuriges Orange erinnert an heiße Länder. Der Feigenkaktus unterstreicht die heiße Wüstenatmosphäre. Der hohe afrikanische Korb hat eine Doppelfunktion als Säule und Übertopf.

Flur und Diele

Der Flur vermittelt den ersten Eindruck eines Hauses, und die Farbe spielt eine wesentliche Rolle für eine einladende Atmosphäre – vor allem, wenn der Flur selbst eher dunkel ist. Wählen Sie Pflanzen, die Eindruck machen und die man auch im Vorbeigehen unweigerlich wahrnimmt. Saisonale Pflanzen wie Sonnenblumen, Mimosen oder Kreuzkraut *(Senecio grandiflorus)* bilden üppige gelbe Blüten, die vor Wänden in warmen Farben besonders freundlich wirken. Selbst ein anderer Gelbton kann sehr anheimelnd aussehen (siehe rechts). Es macht Spaß, je nach Jahreszeit die Pflanzen auszutauschen, sich dabei aber stets auf Farben zu beschränken, die optimal mit dem Hintergrund harmonieren, etwa Orange und Kirschrot. Mit etwas Einfallsreichtum finden Sie für jeden Monat des Jahres die passenden Pflanzen.

Wenn der Platz knapp ist, sollten Sie Pflanzen wählen, die den Durchgangsbereich nicht beengen. Schlanke Säulen von etwa 1,20 m sind praktisch, ebenso Wandhalterungen für Pflanzen. Das können ganz schlichte, frei hängende Regale sein, gerade groß genug für einen Übertopf, aber auch kunstvoll verschnörkelte Dekorationselemente. Regale wirken als Paar meist attraktiver als einzeln, und man kann sie auch sehr schön für ein Stilleben aus Pflanzen und anderen kleinen Objekten benutzen.

Links Kakteen brauchen viel Wärme, besonders im Winter. Dieser mexikanische Kaktus *(Echeveria elegans)* steht in einer eckigen Glasvase mit Schichten aus Moos, Erde und Drainage-Kies, die als dekorative Streifen sichtbar sind. In einem solchen Mikroklima, das auch Schutz vor Zugluft bietet, gedeiht der Kaktus optimal. Zugleich ist die Verletzungsgefahr durch die spitzen Stacheln gebannt.

Rechts Kaum eine Pflanze wirkt fröhlicher als die Sonnenblume. Hier badet eine Reihe aus Zwergsonnenblumen *(Helianthus annuus* »Pacino«*)* in der sonnigen Atmosphäre der leuchtend gelben Wand. Sonnenblumen waren zwar die Lieblingspflanzen der ästhetischen Bewegung, doch passen sie ebenso gut in ein modernes Ambiente. Sie verwandeln diese Ecke, die leicht hätte trist und düster wirken können, in einen farbenprächtigen Blickfang.

Das Schlafzimmer

Ein Schlafzimmer ist ein sehr privater Raum – es ist der Ort, an dem man seiner Fantasie freien Lauf lassen und ein Ambiente gestalten kann, das in anderen Bereichen des Hauses unpassend wäre. Im Hinblick auf Farben oder Proportionen kann die Dekoration eines Schlafzimmers so skurril oder prunkvoll sein, wie es Ihnen gefällt. Um an trüben Winter- und Frühlingstagen für etwas Lebhaftigkeit zu sorgen, könnten Sie Pflanzen mit leuchtend bunten Blüten aufstellen. Bougainvillea blüht vom Frühling bis zum Sommer in den schönsten Tönen von knalligem Pink über Scharlachrot bis Mauve. Kamelien (in Rosa, Rot und Weiß) geben dem Schlafzimmer im zeitigen Frühling einen Hauch von Luxus, und Cinerarien, die in zahlreichen warmen Farbtönen zu haben sind, machen graue Wintertage freundlicher.

Lassen Sie sich von Reisen in ferne Länder inspirieren. Südlichen Sonnenschein zaubern Sie durch ein typisches Farbschema mit darauf abgestimmten Pflanzen. Wählen Sie die Farben der Ägäis – Meergrün, Gelb und Weiß – oder die faszinierenden Kombinationen Indiens – Smaragdgrün, knalliges Pink und Magenta. Das leuchtende Hellgrün der Monterey-Zypresse *(Cupressus macrocarpa* »Goldcrest«*)*, des Mooskrauts *(Selaginella uncinata)* und anderer Grünpflanzen schafft ebenfalls eine sonnig-freundliche Stimmung.

Andere Blattgewächse wecken Assoziationen an warme Länder, etwa die wundervollen Agaven und Aloen in schönen Graugrün-Tönen und zahlreichen panaschierten Varianten in Grün, Grau, Gelb und Weiß.

Links Bougainvilleen *(Bougainvillea glabra)*, an Bögen gezogen und in vergoldete »Korallen«-Töpfe der Bildhauerin Oriel Harwood gestellt, geben diesem Schlafzimmer in leuchtenden indischen Farben den letzten Pfiff. Obwohl die Bougainvillea Sonne braucht, kann sie während ihrer Blütezeit durchaus für eine Weile ins Schlafzimmer gestellt werden.

Rechts Der Drachenbaum *(Dracaena compacta)* sieht aus wie ein Hochstämmchen, wächst aber von Natur aus in dieser Form. Die zierliche Pflanze mit dem dichten Blattschopf passt gut auf den Nachtschrank.

Das Badezimmer

Auch kleine Badezimmer lassen sich mit Pflanzen sehr interessant gestalten. Hängepflanzen sind besonders praktisch, weil sie lange Blattvorhänge bilden, ohne allzu viel von dem kostbaren Standplatz auf dem Boden einzunehmen. Für Hängepflanzen empfehlen sich ganz schlichte Töpfe, die ohnehin schnell von den Blättern verdeckt werden. Eine Ausnahme bilden ungewöhnliche Exemplare wie die »Kopf-Vasen« unten.

Der Standort auf der Fensterbank mag für das Wohlbefinden der Pflanzen gut sein, doch wirken sie dort meist nur schön, wenn sie groß genug sind, um einen Blickfang zu bilden. In dunklen Bädern sollten Sie Pflanzen wählen, die auch im Schatten gedeihen. Stellen Sie Pflanzen auf Regale, den Spülkasten der Toilette oder eine Ecke der Badewanne. Mit wenig Licht geben sich beispielsweise der hängende Philodendron *(Philodendron scandens)* und die Efeutute *(Epipremum)* zufrieden.

In winzigen Bädern können auch lebhafte Farbtupfer von Blühpflanzen gut aussehen. Die samtigen Blüten eines Usambaraveilchens oder ein leuchtendes Fleißiges Lieschen, die in einem großen Raum verloren wirken würden, kommen hier zu ihrem Recht – vor allem vor einem dunklen Hintergrund.

Unten Die Efeutute *(Epipremnum aureum)* ist so in die »Kopf-Vasen« der Bildhauerin Oriel Harwood gepflanzt, dass nur die Blätter wie ein Haarschopf hervorschauen. Später bilden sich Luftwurzeln, die eine interessante Ergänzung der korallenförmigen Haare des rechten Kopfes abgeben.

Links Gibt es einen größeren Luxus, als im Bad zu liegen und Erdbeeren zu naschen? Diese Erdbeere *(Fragaria x ananassa)* ist eine witzige und unkonventionelle Zimmerpflanze, und sie beweist, wie hinreißend markant geformte Blätter wirken können.

MODERN UND ZEITGEMÄSS

Vorige Seite Fächerpalme *(Washingtonia filifera)*, Baumfarn *(Cycas revoluta)* und Drachenbaum *(Dracaena indivisa)* – von links nach rechts – sind ideal für diesen Loft auf zwei Ebenen, weil man ihre interessanten Blätter und architektonischen Wuchsformen auch von oben betrachten kann.

Links Die beliebte Zimmeraralie *(Fatsia japonica)* hat auf einer breiten Stufe dieses lichtdurchfluteten weißen Treppenhauses ihren optimalen Platz gefunden. Viele großblättrige Pflanzen sehen von oben am schönsten aus, wählen Sie darum möglichst einen Standort, an dem man sie auch von der Treppe oder einem Treppenabsatz aus sehen kann.

Rechts Die typischen geschlitzten Blätter des Fensterblatts *(Monstera deliciosa)* im Vordergrund bilden einen reizvollen Kontrast zu dem nicht minder bizarren Blattwerk der Alocasie *(Alocasia sanderiana)*, deren Aufbau an ein Mobile von Calder erinnert.

Die modernen Strömungen der Architektur haben uns das Potenzial von Zimmerpflanzen unter neuen und faszinierenden Aspekten näher gebracht. Mächtiges Blattwerk herrscht in modernen Räumen vor, großformatige Pflanzen sprechen für sich selbst. Die sachliche Geometrie, die schlichte Dekoration und die helle, luftige Atmosphäre, die so typisch für viele moderne Interieurs sind, bilden den idealen Rahmen für große, informelle Arrangements mächtiger Blattpflanzen, ebenso wie in modernen Gärten zwanglose und formale Elemente erfolgreich gegenüber gestellt werden. Durch den Kontrast betonen und unterstreichen die beiden Seiten einander. Schlichte, moderne Einrichtungen geben den Pflanzen eine wichtige oder sogar beherrschende Rolle im gesamten Dekorationskonzept.

Es liegt im Trend, durch geschickten Einsatz von Zimmerpflanzen die Grenzen zwischen Haus und Garten zu verwischen, so dass man gelegentlich meinen möchte, im Garten zu sitzen. Dieser Effekt wird durch raumhohe Fenster, die ungehindert den Blick nach draußen freigeben, noch unterstützt.

MONDRIAN
WHAT IS ART?
EARTH WATCH
MAN ON EARTH
DRAGONS, GODS & SPIRITS
RM SCHINDLER
KATSURA
SCULPTURE SINCE 1945
DEGAS
THE BURRELL COLLECTION
HOWARD HODGKIN PAINTINGS
GIACOMETTI

Die Küche

Moderne Küchen wirken meist betont schlicht und praktisch. Dies lässt sich durch Pflanzen unterstreichen, insbesondere durch Küchenkräuter, die ebenso dekorativ wie nützlich sind. Kräuter sehen am besten in einfachen Tontöpfen aus, können aber durch entsprechende Untersetzer leicht in den Stil der Küche eingebunden werden. Weiß glasierte Keramikteller oder flache verzinkte Untersetzer mit einer Schicht grobem Kies passen z. B. besonders gut in eine ganz in Weiß gehaltene Küche. Schön sehen auch weiß glasierte oder gläserne Gefäße in traditionellen Formen aus.

Kleine, sauber beschnittene Büsche von Wacholder *(Juniperus communis)* oder Myrte *(Myrtus communis)* sind eine unkonventionelle, aber sehr attraktive Ergänzung zu den üblichen Kräutern. Duftblattpelargonien verbreiten ein erfrischendes Aroma, für die Küche empfehlen sich vor allem Sorten mit Zitronenduft *(z. B. Pelargonium crispum)*. Wenn der Platz ausreicht, kann ein Lorbeerbäumchen auf dem Boden stehen – zur Freude des Kochs und zur Bereicherung der Formenvielfalt. In einer Küche mit einer Außentür darf ein größerer Lorbeerbaum je nach Witterung mal drinnen und mal draußen stehen – er gedeiht besser, wenn er gelegentlich frische Luft bekommt.

Unten Eine Sammlung von Küchenkräutern (von links nach rechts: Rosmarin, Majoran, Minze, Petersilie und Fenchel) steht auf einem Brett über der Spüle und nimmt der Küche in Weiß und Chrom etwas von ihrer klinischen Sachlichkeit. Die Pflanzen leben nicht ewig, liefern aber frische Würze.

Rechts Hier ist ein Lorbeer-Hochstämmchen sehr effektvoll in Szene gesetzt. Die Krone mit den aromatisch duftenden, grünen Blättern hat genau die richtige Höhe, um Licht einzufangen und einen Blickfang zu bilden. Maiglöckchen *(Convallaria majalis)* im Topf sind ein passender Frühsommerschmuck.

Links außen Die strengen Linien dieser modernen Arbeitsplatte werden betont durch die sorgfältig ausgewählten Mini-Sukkulenten in fein strukturierten Aluminiumtöpfen.

Links Der kleinblättrige Philodendron *(Philodendron scandens)* wirkt absolut modern, weil er in einem Topf steht, der im Stil zur Zitronenpresse von Philippe Starck und der Edelstahlspüle passt. Die glänzenden Blätter der schnellwüchsigen Pflanze könnten um das Fenster drapiert werden, so dass ein »Guckloch«-Effekt entsteht.

Die Küche ist ein multifunktionaler Raum im Herzen des Hauses. Hier kocht und isst man, hier findet das Familienleben statt. Pflanzen haben in der Küche besonderen Wert, weil sie eine häufig allzu klinische Umgebung wohnlicher machen. Gerade in der Stadt, wo die Küchen oft winzig sind, hat man nicht gern viel Krimskrams herumstehen. In solchen Fällen bieten sich Minipflanzen in winzigen Töpfen an, die nur wenig Platz einnehmen. Es sollten aber nicht zu viele sein: wenige, sorgfältig ausgewählte Arten wirken oft schöner. Die Pflanzen sollten in gleichartigen Töpfen stehen und sich vom Typ oder von der Wuchsform her gleichen, außerdem müssen sie in makellosem Zustand sein.

Pflanzen auf der Arbeitsfläche stehen ständig unter den Augen des Kochs, der sich in der Küche bewegt. Sie sollten darum auch aus der Nähe gut aussehen – und gerade da sind kleine Pflanzen mit interessanten Blättern die beste Wahl. Sukkulenten wie Dachwurz *(Sempervivum)*, Erbsenpflanze *(Senecio rowleyanus)* oder Ewigblatt *(Graptopetalum paraguayense)* sind wie geschaffen dafür.

Auch Kletterpflanzen können an manchen Plätzen gut aussehen und sogar als kleine Raumteiler in der Küche dienen. An einem viereckigen Rahmen aus verzinktem Draht, der mit Moos umwickelt ist, kann man sie als Betonung um ein Fenster, einen Schornsteinvorsprung oder sogar an der Wand über der Spüle ziehen. Kleinblättriger Philodendron *(Philodendron scandens)* ist ein robuster Kletterer für die Küche, der – was nicht unwichtig ist – auch mit wenig Licht auskommt.

Das Esszimmer

In modernen Wohnungen erfüllen Esszimmer meist mehr als einen Zweck, auch wenn sie vorwiegend zum Essen genutzt werden. Zimmerpflanzen können je nach Bedarf Tischschmuck sein oder eine andere dekorative Funktion ausfüllen, indem sie tagsüber an einem helleren Platz stehen. Hohe, schlanke Pflanzen und solche mit lockerem Wuchs eignen sich am besten als Tischdekoration. Elegantes Cyperngras ist eine gute Wahl, ebenso japanische Segge *(Carex morrowii)* oder die Zwergbinse *Scirpus cernuus*, die besonders originell aussieht, wenn sie durch eine Röhre gewachsen ist und wie ein Hochstamm wirkt. Flache Schalen mit Bubikopf *(Soleirolia soleirolii)* oder Kriechfeige *(Ficus pumila* »Minima«*)* bieten sich als unkonventionelle Mitteldekoration an.

Oben Form und Höhe (45 cm) dieses zarten Cyperngrases *(Cyperus alternifolius)* wirken auf dem modern gedeckten Tisch sehr stimmig. Weil sie schlank und sehr locker gewachsen sind, versperren die Pflanzen weder die Sicht über den Tisch, noch behindern sie die Unterhaltung.

Rechts Viele Bambusarten eignen sich als Zimmerpflanzen. Hier wird die Bambusart *extase* mit einem Halogenstrahler angeleuchtet, so dass die zarte, aber buschig gewachsene Pflanze in ihrem konischen Topf zum originellen Blickfang auf der Anrichte wird.

Links Die intensiv duftenden Blütenköpfe der *Telantophora grandifolia* wurden von den Besitzern des Hotel Tresanton in Cornwall geschickt eingesetzt, um selbst im Winter diese Sitzecke in eine sommerliche Stimmung zu tauchen.

Rechts Die Stämme und die charmant verwuschelten Blattschöpfe des Elefantenfuß *(Beaucarnea recurvata)* malen ein grafisches Muster auf die schlichte Wand dieses Wohnbereichs in dem Loft. Die Pflanze ist ideal für ein Wohnzimmer, weil sie trockene Heizungsluft verträgt. Die Kakteensammlung ist eine stimmige Ergänzung.

Unten Die unglaublich exotischen Blüten der Medinilla *(Medinilla magnifica)* haben in diesem schlichten, modernen Wohnzimmer den richtigen Rahmen gefunden. Sie gibt dem Ambiente einen Hauch von Luxus.

Das Wohnzimmer

In modernen Wohnzimmern ist Großformatiges gefragt. Eine einzelne, deckenhohe Pflanze mit interessantem Wuchs ist oft mehr wert als eine Sammlung langweiliger kleiner Gewächse. In einen großen Raum passen natürlich auch mehrere Pflanzen, doch ist es wichtig, ähnliche Arten oder ein gemeinsames Thema zu wählen. Es könnten verschiedene Wüstenpflanzen sein, vielleicht auch Sorten mit markant gezahnten oder interessant geformten Blättern.

Auch die Farbe der Blätter will gut überlegt sein. In einem hellen Raum wirkt das dunkle Grün einfarbiger Blätter definitiv am besten. Dunkle Blätter sehen auch gegen das Licht sehr schön aus, etwa vor einem großen Fenster oder einer angestrahlten weißen Wand. Blasse oder panaschierte Blätter kommen in dunklen Räumen besser zur Geltung. Erst durch den Kontrast kann man ihre Formen wirklich erkennen. Fehlt er, wirken die Formen wie verwischt.

GROPIUS

ROSEMARY MAHONEY
JOANNA TROLLOPE
SUNDAY MORNING
RAY CONNOLLY

Eine Reihe von Birkenfeigen *(Ficus benjaminii)* wiederholt die Anordnung der Pflanzen auf dem äußeren Fenstersims. Solche Wiederholungsmuster von zwei oder drei Pflanzen wirken, ebenso wie die aufeinander abgestimmte Bepflanzung vor und hinter dem Fenster, gut durchdacht und sehr harmonisch. Hier belebt die Kombination der Gewächse die zurückhaltenden Farben des aufgeräumt und hell wirkenden Appartements. Birkenfeigen sind ausgesprochen vielseitige und beliebte Blätterpflanzen, vor allem diese hochstämmigen Kronenbäumchen.

Links Ohne die große Dattelpalme *(Phoenix canariensis)* würde dieses minimalistische Interieur kahl und leblos wirken. Die Palme lässt an exotische Länder denken. Der Vorhang mit seinem Spitzen und Troddeln greift das orientalische Thema auf.

Viele moderne Räume brauchen eine dekorative Bereicherung durch Pflanzen, um interessanter zu wirken und um den strengen Linien der Möbel und Wände etwas entgegenzusetzen. Markante Blätter können in einem Raum voll glatter Flächen wie eine Skulptur wirken. Sie können die Proportionen in einem Raum mit vorwiegend niedrigen Möbeln korrigieren oder große Wandflächen ohne jegliche Muster und Bilder auflockern. Man sollte Pflanzen immer nach der Wuchsform wählen – sei es eine elegante, offene Gestalt, eine dicht geschlossene Form oder die kontrollierte Kontur einer Formschnitt- oder einer Kletterpflanze.

Ein zweiter Gesichtspunkt ist die Textur des einzelnen Blattes im Gegensatz zum Erscheinungsbild der gesamten Blättermasse. Die *Gynura* (unten) und viele andere Pflanzen haben samtige Blätter, die eher an Stoff erinnern und einem Raum voll glatter Flächen einen weichen Aspekt hinzufügen. Solche Pflanzen gibt es in prächtigen Farben, die Sie mutig einsetzen sollten.

Die große Farbenvielfalt von Blüten und Blättern lässt sich hervorragend zum Beleben einer Einrichtung mit festem Farb-

Links Dies ist ein prächtiges Beispiel für eine als Accessoire ausgewählte Zimmerpflanze. Die samtige *Gynura sarmentosa* ist ein herrlicher Anblick: die weichen, surreal aussehenden Blätter scheinen aus reinem Samt zu bestehen. Witzig ist die Idee, auf das Sofa ein Samtkissen in einem ähnlichen Farbton zu legen.

Oben Leuchtend rosa Blüten und elegante, schlanke Blätter geben dem Oleander *(Nerium oleander)* ein klares, modernes Aussehen, das gut zu diesem Wohnzimmer in frechen Farben passt (Entwurf: Justin Meath Baker). Die Höhe der Pflanze ist eine perfekte Ergänzung zu den vertikal betonten Linien des Raumes und der Möbel.

Oben Schwarzblättriges Aeonium *(Aeonium arboreum* »Schwarzkopf«*)* ist sehr ungewöhnlich. Diese Pflanze, die zu den sehr wenigen Arten mit nahezu schwarzen Blättern gehört, passt perfekt in eine monochrome Einrichtung. (Hotel Tresanton in Cornwall).

Oben rechts Die Schale voll violetter Krokusse erinnert an die Jugendstilkeramiken von Clarice Cliff, zu deren Lieblingsmotiven diese Blumen zählten. Die leuchtenden Farben der Frühlingsblüher – Orange, Violett und Gelb – passen gut in moderne Interieurs.

Rechts Die aufgereihten gestreiften Ananaspflanzen *(Ananas bracteatus striatus)* haben genau die richtige Größe für den Rahmen aus Fenstersprossen und Rollo. Von außen betrachtet lassen sie auf eine wohl überlegte Gestaltung schließen.

konzept einsetzen. Pflanzen, deren Blätter nicht grün sind, können etwa in bestimmten Kontexten sehr beruhigend wirken. Strahlenaralie *(Schefflera elegantissima), Aeonium* und *Gynura* etwa passen mit ihren schwärzlich-violetten Blättern hervorragend in Interieurs, in denen Grün völlig fehl am Platz wäre.

Viel zu leicht übersieht man die Wirkung, die Pflanzen auf der Fensterbank auf den Betrachter im Freien haben. Das gilt besonders für Stadthäuser, in denen die Fenster nahe an der Straße liegen. Eine sorgfältig zusammengestellte Auswahl von Pflanzen auf der Fensterbank kann nach außen hin ebenso effektvoll sein wie ein Blumenkasten an der Fassade.

Von außen sieht man die Pflanzen gegen einen dunklen Hintergrund, weil ein Raum – ganz gleich, wie hell es innen ist – durch den Kontrast zum Tageslicht im Freien immer dunkler wirkt. Damit eine Pflanze ins Auge fällt, sollte sie helle Farben haben. Weiß gestreifte Ananaspflanzen sind passend, ebenso die wohl bekannte Grünlilie *(Chlorophytum comosum)* oder die schön gestreiften Aloen und Agaven. Sie alle haben schlichte, klare Konturen, die auch von Weitem gut zu erkennen sind. Achten Sie auch darauf, dass die Pflanzen in Form und Proportionen zum Fenster passen.

Oben Diese riesige Areca-Palme *(Howea belmoreana)* ist eine gelungene Wahl für das hohe Treppenhaus mit dem Oberlicht. Der Schwung der Wedel folgt den Rundungen des schlichten Treppengeländers, und die Pflanze ist so groß, dass man sie auf beiden Etagen gut sehen kann.

Flur und Diele

Treppenhäuser und Flure sind häufig dunkel und schwierig zu möblieren. Sie haben jedoch zwei klare Vorzüge. Erstens kann man Pflanzen hier auch von oben betrachten, was gerade für Arten mit großen Blättern oder flacher Krone der günstigste Blickwinkel ist. Aralie, Fensterblatt, Philodendron und die großblättrigen *Ficus*-Arten haben markante, interessante Blätter, die besonders von oben sehr gut aussehen. Zweitens gibt es die Möglichkeit, Hängepflanzen über Geländer und Balustraden ranken zu lassen. Das ist vor allem in kleinen Fluren vorteilhaft, weil Hängepflanzen so gut wie nichts von der wertvollen Bodenfläche einnehmen. Zwar passen hängende Pflanzen nicht in jedes Haus, doch in einem hellen, weißen Flur sehen sie hinreißend aus und schaffen eine Atmosphäre wie in einem Wintergarten.

In langen, schmalen Fluren neigt man dazu, Pflanzen in die Nähe der verglasten Haustür zu stellen. Doch oft wirkt die Aufteilung dadurch unproportioniert, und die Pflanzen sind der Zugluft und Temperaturschwankungen ausgesetzt. Besser stehen die Pflanzen dort, wo beim Betreten des Hauses der Blick auf sie fällt.

Links Die Aufnahme vom Erdgeschoss des Treppenhauses zeigt, wie groß eine Pflanze in einem so geräumigen Bereich sein muss. Eine Sammlung kleiner Pflanzen würde hier optisch einfach untergehen. Die hohe Krone der Areca-Palme *(Howea belmoreana)* füllt den Luftraum des Treppenhauses aus, beengt aber keineswegs die Bewegungsfreiheit auf den Ebenen.

Das Schlafzimmer

In kühlen, minimalistischen Schlafzimmern sollte keine Unruhe durch zu viele Pflanzen entstehen. Ein oder zwei sorgfältig platzierte Exemplare dagegen können sehr stimmig wirken. Paarweise auf kleinen Möbeln aufgestellte Pflanzen strahlen stets eine ansprechende Symmetrie aus. Der Nachttisch ist ein guter Platz für blühende Arten, die man gern aus der Nähe sieht – solange man sie nicht in der Nacht umstößt. Pflanzen mit interessanten Blüten, Blatt- oder Wuchsformen bieten sich für moderne Schlafzimmer besonders an. In diese Kategorie fallen die *Cymbidium*-Orchideen mit ihren attraktiven Blattbüscheln, aber auch japanische Klebsame *(Pittosporum tobira)* mit ihrem dichten Blattwerk oder die Zimmerlinde *(Sparrmannia africana)* mit ihrem hellgrünen Blättern und dem lockeren Wuchs.

Es ist herrlich, im Bett zu liegen und in ein Blätterdach zu schauen. Pflanzen mit weiter, schirmförmiger Krone eignen sich dafür besonders gut. Empfehlenswert sind Zimmerbäume wie *Grevillea,* Eukalyptus oder Benjamini, sofern sie groß genug sind.

Ordnung und Übersicht sind Schlüsselbegriffe in einem minimalistischen Schlafzimmer. Mit großen Pflanzen lassen sich Schlaf- und Ankleidebereich voneinander trennen, so dass Kleidung, Toilettenartikel und andere Kleinigkeiten außer Sicht bleiben. Als Sichtschutz eignen sich vor allem große Palmen wie die Kentia-Palme *(Howea forsteriana),* aber auch Bambus, Efeu und kletternde Philodendron-Arten. Pflanzen, die als Raumteiler dienen, müssen geschickt in die Raumplanung einbezogen sein. Die Pflanzbehälter sollten nicht nur standfest sein, sondern auch gut mit den anderen Elementen im Raum harmonieren. Auch Rankgerüste für Efeu und andere Kletterer müssen sowohl zur Architektur des Raumes als auch zu seiner Einrichtung passen.

Unten Die kugelige Gestalt der Aukube *(Aucuba japonica)* wirkt wie eine Skulptur. Sie harmoniert gut mit den übrigen, sehr klaren und geometrischen Formen, die in diesem weißen Schlafzimmer vorherrschen.

Links Wachsartige Orchideenblüten strahlen eine Perfektion aus, die gut in das minimale Dekor dieses Schlafzimmers passt. Diese *Phalaenopsis* gibt dem Raum einen Hauch von Luxus und Üppigkeit, der dem zurückhaltenden Interieur gut bekommt.

Das Badezimmer

Moderne Badezimmer wirken oft allzu nüchtern und funktional, doch mit Pflanzen sind sie gleich viel weicher und wohnlicher. Wie im Flur ist im Bad der Raum oft knapp, darum ist bei der Suche nach einem Platz, an dem eine Pflanze gedeiht und dennoch nicht im Weg ist, etwas Fantasie nötig. Oft sind Wandregale die einzigen Stellflächen. In diesem Fall sollten Sie kleine, kompakt wachsende Pflanzen wie Mooskraut *(z. B. Selaginella)* oder hängende Arten wie Zierspargel *(Asparagus densiflorus* Sprengeri*)*, Bubikopf *(Soleirolia soleirolii)* oder Steinbrech *(Saxifraga sarmentosa)* wählen. Fensterbank und Badewannenrand eignen sich auch gut als Standort. Wenn der Platz ausreicht, sind hohe, auf dem Boden stehende Kübel sehr günstig, weil sie die strenge Geometrie eines Badezimmers auflockern.

Kleinblättrige Pflanzen mit weicher Textur sind eine gute Wahl fürs Bad. Größere Pflanzen mit ledrigen Blättern eignen sich bestenfalls für sehr große Bäder, denn aus der Nähe sehen sie leicht etwas unbehaglich aus. Viele der kleineren Farne (z. B. Frauenhaarfarn und Nestfarn) haben ein besonders frisches Grün, das ausgezeichnet zu den Weiß- und Naturtönen vieler moderner Bäder passt.

Links Die breit ausladenden Schöpfe des Saumfarns *(Pteris multifida)* quellen aus hohen, verzinkten Gefäßen. Die lockere, weiche Wuchsform der Farne bildet einen schönen Ausgleich zu den harten Flächen im Bad. Wegen der spinnenartigen Auswüchse am Grund der Pflanze eignet sie sich jedoch weniger für Menschen mit Angst vor Spinnen.

Rechts In diesem kleinen Bad sind die Pflanzen Platz sparend auf Regalen untergebracht. Eine grüne Gardine aus Zierspargel *(Asparagus densiflorus* Sprengeri*)* fällt auf einen Topf mit dem Bubikopf *(Soleirolia soleirolii)* herab. Interessant wird diese Nachbarschaft auch durch die unterschiedliche Blattform und der Wuchsdichte.

Rechts Die Zwergbinse *(Scirpus cernuus)* erinnert an Dünengras und passt mit ihrem Topf voller Kiesel perfekt zu dem maritimen Thema dieses Bades, das durch die Muschelsammlungen in klaren Gläsern bestimmt wird.

Eine originelle Dekoration wirkt der nüchternen Kühle, die typisch für moderne Bäder ist, entgegen. Das erfordert weder viel Aufwand noch große Kunstfertigkeit und lässt sich auch in einem winzigen Bad bewerkstelligen. Beliebt sind maritime Themen, die sich leicht mit einigen Kieseln, Muscheln, Schablonenmalereien und passenden Pflanzen wie Gräsern und Miniatur-Binsen *(Scirpus cernuus)* gestalten lassen. Auch eine Sammlung schöner Parfüm- und Badeölflaschen, auf Glasregalen kombiniert mit Apothekergläsern in verschiedenen Farben und duftenden Pflanzen wie Kranzschlinge, Jasmin, Myrte und Rosmarin, ergibt ein schönes Arrangement fürs Bad. Das Spektrum der denkbaren Themen ist so groß wie die Auswahl der Pflanzen selbst.

Halten Sie die Töpfe sauber und die Pflanzen gesund. Nichts sieht im Bad trauriger aus als schmuddelige, kränkelnde Pflanzen. Töpfe aus verzinktem Eisen, Aluminium, Glas oder weiß glasierter Keramik passen gut zur sauberen Atmosphäre eines Badezimmers. Weil schwarze Blumenerde in einem hellen, sauberen Bad etwas merkwürdig aussehen kann, sollten Sie sie unter Kies, gröberen Kieseln oder Moos verstecken.

Rechts Ohne die kleinen Töpfe mit Mooskraut *(Selaginella kraussiana)* würde dieses Bad in Grau, Weiß und Silber kahl oder sogar abweisend wirken. Die Pflanzen, die aus den blanken Aluminiumtöpfen quellen, geben dem Interieur einen lebendigen Farbtupfer (Hotel Tresanton, Cornwall).

PFLANZEN-LEXIKON

helles Licht, kühl

Kängurudorn ***(Acacia armata)***

Im Frühling trägt der Kängurudorn zahlreiche kleine fiedrige Blütenbälle an starren Zweigen mit spitz zulaufenden Blättern.

- Im Frühling und Sommer reichlich gießen, im Winter nur sparsam. Während der Wachstumsperiode alle zwei Wochen düngen.
- Gleich nach der Blüte umtopfen und zurückschneiden.

wenig Licht, warm

Frauenhaarfarn
(Adiantum raddianum)

Dieser bis 45 cm hohe Farn mit seinen fadendünnen Stielen eignet sich für Töpfe und Ampeln gleichermaßen gut.

- Im Sommer reichlich gießen, während des ganzen Jahres feucht halten. Alle zwei Wochen düngen.
- Im Frühling umtopfen.

helles Licht, kühl

Ewigblatt, Dickblatt
(Aeonium arboreum)

Rosetten bildende Sukkulente mit fleischigen Blättern und gelben Blüten an aufrechten Stängeln.

- Die Erde im Frühling und Sommer feucht halten, im Herbst und Winter nur sparsam gießen. Während der Haupt-Wachstumsperiode gelegentlich düngen.
- Jedes Jahr im Frühling in durchlässige Erde umtopfen.

helles Licht, kühl

Agave ***(Agave americana)***

Stachelige Pflanze mit einer Rosette aus festen, sukkulenten Blättern. Die mehrfarbigen Sorten sind sehr dekorativ. Ausgewachsene Exemplare können bis zu 1,20 m Durchmesser erreichen.

- Im Sommer regelmäßig gießen, im Winter nur wenig. Im Frühling und Sommer alle 3 bis 4 Wochen düngen.
- Bei Bedarf im Frühling umtopfen.

wenig Licht, feucht

Alocasie, Elefantenohr
(Alocasia* x *amazonica)

Die großen, pfeilförmig zulaufenden, dunkelgrünen Blätter erinnern an die Tropen. Die Sorte »Green Velvet« hat breite weiße Blattadern.

- Im Frühling und Sommer regelmäßig gießen. Im Herbst und Winter die Erde feucht halten. Alle zwei Monate düngen.
- Im Frühling in durchlässige Erde umtopfen.

helles Licht, kühl

Aloe vera

Eine Sukkulente mit einer Rosette aus spitz zulaufenden Blättern. Im Frühling und Frühsommer erscheinen gelbe Röhrenblüten an unverzweigten, bis zu 80 cm hohen Stielen.

- In der Wachstumszeit regelmäßig gießen und düngen, im Herbst Gießen reduzieren. Erde zwischen zwei Güssen austrocknen lassen.
- Im Spätwinter umtopfen.

helles Licht, warm

Ananas

(Ananas comosus **»Variegatus«***)*

Die gestreiften Blätter mit den stacheligen Rändern sind besonders attraktiv: Cremeweiß mit einem Hauch Rot. Selbst die Frucht hat ähnliche Farben.

• Stets feucht halten.

• Nicht umtopfen. Wenn sich nach der Blüte Ausläufer bilden, das Düngen einstellen.

wenig Licht, kühl (viel Licht im Winter)

Zimmertanne

(Araucaria heterophylla)

Langsam wachsende, immergrüne Konifere, die erst nach Jahren ihre unteren Zweige verliert.

• Von Frühling bis Herbst reichlich wässern und alle zwei Wochen düngen. Im Winter die Erde eben feucht halten.

• In jedem Frühling umtopfen.

helles Licht, kühl

Strauchmargerite

(Argyranthemum frutescens)

Sommerblüher mit einfachen oder gefüllten Margeritenblüten und oft kissenförmigem Auge. Es gibt weiße, rosa und gelbe Sorten. Die mehrfach geteilten Blätter stehen auf krautigen Stielen.

• Im Frühling und Sommer reichlich gießen, im Winter die Erde gerade feucht halten. Regelmäßig düngen.

• Im Frühling umtopfen und stark zurückschneiden.

wenig Licht, kühl

Zierspargel *(Asparagus densiflorus)*

Bildet dichte Schleier aus feinen, fiedrigen Blättern. Es gibt buschige und hängende Sorten, letztere können bis 2 m lang werden.

• Im Winter wenig, im Sommer reichlich gießen. Alle zwei Wochen düngen.

• Im Frühling in gute Einheitserde umtopfen.

wenig Licht, kühl

Schusterpalme *(Aspidistra elatior)*

Eine sehr robuste Pflanze aus China. Obwohl sie auf gute Pflege besonders anspricht, verträgt sie aber auch gelegentliche Vernachlässigung. Staunässe vermeiden.

• Im Frühling und Sommer regelmäßig gießen, im Winter wesentlich weniger.

• Alle zwei bis drei Jahre im Frühling umtopfen.

wenig Licht, feucht

Nestfarn *(Asplenium nidus)*

Die glänzenden Blätter bilden eine Rosette in Form eines Vogelnests.

• Im Sommer reichlich gießen und alle zwei Wochen düngen. Im Winter die Erde gerade feucht halten.

• Im Frühling umtopfen.

wenig Licht, kühl

Hirschzungenfarn *(Asplenium scolopendrium)*

Ein robuster Farn mit breiten, bandförmigen Blättern. Es gibt attraktive Varianten mit fein gewellten Rändern.

- Im Frühling und Sommer reichlich gießen, im Winter die Erde gerade feucht halten.
- Im Frühling in gute Komposterde umpflanzen.

wenig Licht, verträgt Zugluft

Aukube, Goldblatt *(Aucuba japonica)*

Besonders schön sind die Sorten mit kräftig gelb geflecktem Blättern. Die Pflanze verträgt Schatten und zugige, kühle Standorte, jedoch keinen Frost.

- Rund ums Jahr gießen und düngen, vor allem aber im Frühling und Sommer.
- Beim Umtopfen leicht zurückschneiden, dabei keine Blätter durchschneiden.

helles Licht, kühl

Flaschenbaum *(Beaucarnea recurvata)*

Widerstandsfähige, für die Fensterbank geeignete Pflanze. Zeichnet sich durch einen kräftigen holzigen Stamm und durch schmal gewölbte Blätter aus, die anmutig aus dem Stamm herauswachsen.

- Im Sommer reichlich gießen, im Winter eher sparsam; den Fuß über das Jahr gelegentlich gießen.
- Im Frühling in durchlässige Erde umpflanzen.

wenig Licht, feucht

Elatior-Begonie *(Begonia elatior)*

An den kleinen, gedrungen wachsenden Pflanzen erscheinen rund ums Jahr gefüllte Blüten in Weiß, Gelb, Orange, Rosa oder Rot.

- Regelmäßig gießen und düngen, jedoch vor allem in Winter nicht zu viel Wasser geben.
- Umtopfen ist nicht nötig, struppige Pflanzen werden weggeworfen.

wenig Licht, feucht

Königsbegonie *(Begonia rex)*

Immergrüne mit lebhaft gezeichneten Blättern in Silber, Creme, Violett und Kupfer. Die Pflanzen neigen zu einseitigem Wuchs.

- Im Sommer regelmäßig gießen und düngen, im Winter die Erde feucht halten. Im Frühling und Sommer täglich mit klarem Wasser besprühen.
- Jedes Frühjahr umtopfen.

helles Licht, warm

Bougainvillea *(Bougainvillea*-Hybriden)

Kletterpflanze, die im Frühling und Sommer leuchtend gefärbte Hochblätter trägt.

- Im Sommer reichlich gießen, im Winter fast trocken halten. Während der Wachstumsperiode regelmäßig düngen.
- Junge Pflanzen im Frühling umtopfen, bei älteren Pflanzen die obere Erdschicht erneuern. Im zeitigen Frühling zurückschneiden.

helles Licht, kühl

Zierkohl *(Brassica oleracea)*

Pflanzen mit attraktiven Blättern, oft mit fein gekräuselten Kanten. Das bunte Laub ist im Herbst und Winter bei niedrigen Temperaturen am schönsten.

- Während der Wachstumszeit regelmäßig gießen, im Winter eher trocken halten.
- Vor der Blüte wegwerfen: die Pflanzen werden unansehnlich, wenn sie schießen.

hell, verträgt Zugluft

Buchsbaum *(Buxus sempervirens)*

Immergrüner, winterharter Strauch, der im Kübel über 1 m hoch werden kann. Die kleinen, rundlichen Blätter haben einen herben Geruch.

- Während der Wachstumszeit reichlich gießen und düngen. Im Winter nie ganz austrocknen lassen.
- Im Frühling und Spätsommer in Form schneiden.
- Im Frühling umtopfen, bei älteren Pflanzen die oberste Erdschicht erneuern.

hell, feucht

Kaladie *(Caladium* x *hortulanum)*

Wenn im September die Blätterränder der Knollenpflanze zu vertrocknen beginnen, kündigt sich die Ruhezeit an. Sie braucht Temperaturen um 21 °C, damit sie im Frühling wieder austreibt.

- Während der Wachstumszeit regelmäßig gießen, im Winter die Erde gerade feucht halten. Täglich besprühen.
- Knollen im Frühling einsetzen.

wenig Licht, feucht

Korbmaranthe *(Calathea crocata)*

Die dunkelgrünen Blätter haben eine silbrige Zeichnung und eine blass-violette Unterseite. Die orangefarbene Blüte ist umhüllt von orangefarbenen und manchmal roten Hochblättern und sieht dadurch wie ein Zapfen aus.

- Stets feucht halten und regelmäßig düngen, vor allem im Frühling und Sommer.
- Im Frühling umtopfen.

wenig Licht, kühl

Pantoffelblume *(Calceolaria* x *herbeohybrida)*

Trägt im Frühling zahlreiche beutelförmige Blüten. Das leicht behaarte Blattwerk bildet eine dichte, kompakte Rosette.

- Während der Wachstumsperiode reichlich wässern, im Winter feucht halten. Regelmäßig düngen
- Nach der Blüte die Pflanze wegwerfen.

helles Licht, kühl

Zylinderputzer *(Callistemon citrinus)*

Die Pflanze wird bis zu 1 m hoch und trägt den ganzen Sommer über leuchtend rote Blüten in der Form einer Flaschenbürste.

- Im Frühling und Sommer regelmäßig gießen, im Winter trockener halten. Während der Wachstumsperiode alle zwei Wochen düngen.
- Im Frühling in kalkfreie Erde umtopfen.

wenig Licht, kühl

Kamelie ***(Camellia japonica)***

Keine einfache Zimmerpflanze. Wird sie in einem luftigen, kühlen Raum gehalten und im Sommer ins Freie gestellt, blüht sie in jedem Frühling.

- Im Frühling und Sommer regelmäßig gießen, im Winter trockener halten. Während der Wachstumsperiode regelmäßig düngen, nach der Blüte in Form schneiden.
- Nur bei Bedarf im Frühling in kalkfreie Erde umtopfen.

helles Licht, kühl

Glockenblume ***(Campanula isophylla)***

Hängepflanze mit weißen oder blauen sternförmigen Blüten auf schlanken Stielen. Filziges, graugrünes Blattwerk. Es gibt auch Sorten mit kompaktem Wuchs, leuchtend grünen Blättern und gefüllten Blüten.

- Im Frühling und Sommer reichlich gießen, im Herbst und Winter weniger. Während der Wachstumsperiode wöchentlich düngen.
- Jedes Jahr im zeitigen Frühling umtopfen.

wenig Licht, feucht

Bergpalme ***(Chamaedorea elegans)***

Zierliche, langsam wachsende kleine Palmenart mit leuchtend grünen Blättern an sanft geschwungenen Stielen.

- Von Frühling bis Herbst reichlich gießen, im Winter die Erde gerade feucht halten. In der Wachstumsperiode alle zwei Wochen düngen.
- Alle zwei Jahre umtopfen.

helles Licht, warm

Myrtengewächs
(Chamaelaucium uncinatum)

Strauchige Pflanze mit feinen, schmalen Blättern und kleinen Büscheln aus weißen, rosa oder fliederfarbenen Blüten, die über viele Wochen erscheinen.

- Nur sparsam gießen, besonders im Winter. Im Frühling und Sommer alle zwei Wochen düngen.
- Im Frühling in nicht zu große Töpfe mit durchlässiger Erde umpflanzen.

helles Licht, kühl

Fächerpalme/Zwergpalme
(Chamaerops humilis)

Obwohl diese Palme in der Natur recht groß wird, kann man sie gut im Kübel halten. Die graugrünen, fächerförmig geteilten Wedel stehen an festen, stacheligen Stielen.

- Die Erde stets feucht halten, von Frühling bis Herbst alle zwei Wochen düngen.
- Alle zwei Jahre im Frühling umtopfen.

wenig Licht, kühl
(im Winter heller)

Grünlilie
(Chlorophytum comosum
»Variegatum«*)*

Die schmalen Blätter sind grün-weiß gestreift, an langen, geschwungenen Stielen sitzen weißlich-violette, sternförmige Blüten.

- Während der Wachstumsperiode regelmäßig gießen und düngen. Im Winter weniger gießen und nur selten düngen.
- Im Frühling oder Sommer umtopfen.

helles Licht, kühl

Chrysantheme
(Chrysanthemum* x *morifolium)

Beliebte Blühpflanze. Nur speziell gezüchtete Sorten eignen sich für die Haltung als Zimmerpflanze. Blüht ganzjährig mit einfachen oder gefüllten Blüten in vielen Farben.

- Während der Blüte reichlich gießen, alle zwei bis drei Wochen düngen.
- Nach der Blüte die Pflanze wegwerfen.

wenig Licht, kühl

Känguru-Wein *(Cissus antarctica)*

Pflegeleichte Kletterpflanze, die sich durch Auskipsen der Triebspitzen leicht im Zaum halten lässt. Besonders die jungen Blätter sind dekorativ. Braucht eine Stütze.

- Im Frühling und Sommer mäßig gießen, im Winter nur sparsam. Im Frühling regelmäßig düngen.
- Alle zwei Jahre im Frühling umtopfen.

helles Licht, kühl

Calamondin-Orange
(x *Citrofortunella microcarpa*)

Buschige, langsam wachsende Immergrüne mit weißen, wachsartigen, duftenden Blüten während des ganzen Jahres, aus denen winzige Orangen wachsen.

- Nur mäßig gießen, im Sommer etwas trockener halten. Im Frühling und Sommer düngen. Gelegentlich besprühen, um die Bestäubung zu fördern.
- Bei Bedarf im Frühling umtopfen.

helles Licht, warm

Losblume, früher Clerodendron
(Clerodendrum thomsoniae)

Starkwüchsige, immergrüne Kletterpflanze, die durch Rückschnitt oder Anbinden am Draht- oder Bambusrahmen gebändigt werden kann.

- Von Frühling bis Herbst regelmäßig gießen und alle zwei Wochen düngen. Im Winter die Erde gerade feucht halten.
- Im Frühling umtopfen. Kräftig zurückschneiden.

helles Licht, kühl

Clivie/Riemenblatt *(Clivia miniata)*

Im Frühling trägt die Clivie Kugeln aus orangeroten Trompetenblüten, die sich auf einem fleischigen Stiel über die dunkelgrünen Riemenblätter erheben.

- Im Sommer sparsam gießen und nur gelegentlich düngen. Im Winter die Erde jeweils zwischen zwei Güssen austrocknen lassen.
- Erst umtopfen, wenn der Topf für das Wurzelwerk zu klein wird (im Frühling).

helles Licht, feucht

Croton/Wunderstrauch
(Codiaeum variegatum)

Immergrüner Strauch mit Blättern in vielen Formen und Farbkombinationen. Die Farben entwickeln erst bei reichlich Wärme und gutem Licht ihre Brillanz. Nicht unter 13 °C halten.

- Von Frühling bis Herbst regelmäßig gießen, ganzjährig häufig besprühen.
- Im Frühling umtopfen.

helles Licht, feucht

Keulenlilie *(Cordyline australis)*

Strauch, der in seiner Heimat bis zu 10 m hoch werden kann. Erreicht in einem Topf von 15 cm Durchmesser jedoch nur etwa 1 m Höhe.

- Von Frühling bis Herbst reichlich gießen, im Winter nur mäßig. Während der Wachstumszeit wöchentlich düngen.
- Im Frühling oder Sommer umtopfen.

helles Licht, warm

Pfennigbaum *(Crassula ovata)*

Kleine, kompakte Baumgestalt mit ovalen, fleischigen Blättern. Im Frühling erscheinen zahlreiche Sternblüten. Es gibt auch Varianten mit panaschierten oder farbigen Blättern.

- Im Frühling und Sommer sparsam gießen, im Winter trocken halten.
- Jedes Jahr im Frühling umtopfen.

helles Licht, kühl

Krokus *(Crocus vernus)*

Von diesen zeitigen Frühlingsblühern gibt es viele Zuchtformen mit schlanken und offeneren Blütenformen in Weiß, Gelb und Violett. Einige Sorten blühen auch im Herbst.

- Während der Blüte reichlich gießen.
- Im Herbst pflanzen und an einem kühlen, dunklen Ort aufstellen, um die Wurzelbildung zu fördern.
- Nach der Blüte die Blätter abwelken lassen und ins Freie pflanzen.

helles Licht, kühl

Monterey-Zypresse *(Cupressus macrocarpa* »Goldcrest«)

Immergrüne mit feinen Blättern, die bei guten Licht einen charakteristisch hellen Ton annehmen. Nur bedingt winterhart.

- Im Frühling und Sommer regelmäßig gießen, im Herbst die Erde leicht feucht halten.
- Im Frühling umtopfen, im Sommer in Form schneiden.

wenig Licht, kühl

Palmfarn *(Cycas revoluta)*

Trotz ihres Aussehens keine echte Palme. Feste Wedel mit vielen feinen Blättern wachsen aus einem kurzen, fast kugelförmigen Stamm.

- Die Erde stets feucht halten, aber Staunässe vermeiden. In der Wachstumszeit gelegentlich düngen.
- Alle zwei bis drei Jahre im Frühling oder Sommer umtopfen.

wenig Licht, kühl

Alpenveilchen *(Cyclamen persicum)*

Die Zuchtsorten haben weiße, rosa oder rote Blüten, häufig auch panaschiertes oder farbig geädertes Blattwerk.

- Während der Wachstumszeit die Erde feucht halten, während der Blüte alle zwei Wochen düngen. Ende des Frühlings die Erde austrocknen lassen und die Pflanze im Freien auf die Seite legen. Vorsichtig die welken Blüten und Blätter entfernen.

wenig Licht, kühl/warm

Cymbidium/Kahnorchidee *(Cymbidium*-Hybriden*)*

Cymbidien gehören zu den pflegeleichtesten Orchideen, die auch in normalem Zimmerklima gut gedeihen.

- Das Substrat nur leicht feucht halten, vor allem im Winter. Alle zwei bis drei Wochen düngen. Im Frühling und Sommer viel besprühen. Möglichst weiches Wasser verwenden.
- Wenn die Pflanzen schwächlich aussehen, in spezielles Orchideen-Substrat umpflanzen.

wenig Licht, kühl

Cyperngras *(Cyperus alternifolius)*

Die relativ harten grünen Halme tragen an ihrer Spitze schirmförmige Blattquirle. Kann bis zu 60 cm hoch werden.

- Die Pflanze sollte ständig in einem mit Wasser gefüllten Übertopf stehen. Von Frühling bis Herbst wöchentlich düngen.
- Im Frühling umtopfen.

wenig Licht, kühl

Dieffenbachie *(Dieffenbachia compacta)*

Es gibt viele Varianten dieser Pflanze mit den schön gezeichneten, großen Blättern, aber alle sind giftig. Gelegentlich zeigen sich unscheinbare grüne Blüten.

- Die Erde stets feucht halten. Von Frühling bis Herbst alle zwei Wochen düngen.
- In jedem Frühling umtopfen.

helles Licht, kühl

Drachenbaum *(Dracaena marginata* »Colorama«*)*

Langsam wachsende Art mit festen, schmalen Blättern in Grün mit cremefarbenem Rand und rosa Streifen.

- Im Frühling und Sommer regelmäßig gießen, im Winter reduzieren. Während der Wachstumsperiode alle zwei Wochen düngen.
- In jedem zweiten Frühling umtopfen.

helles Licht, kühl

Echeveria *(Echeveria elegans)*

Sukkulente mit Rosetten aus fleischigen Blättern. Im Frühling erscheinen rosa Blüten mit gelbem Inneren an aufrechten Stielen.

- Generell nur wenig gießen, besonders im Winter. Von Frühling bis Spätsommer monatlich düngen.
- Alle zwei Jahre im Frühling umtopfen.

helles Licht, warm

Zierbanane *(Ensete ventricosum* »Maurellii«*)*

Die Früchte dieser Bananenpflanze sind nicht essbar. Sie trägt hübsche grüne Blätter mit rotbrauner Zeichnung. In Höhe und Durchmesser erreicht sie bis zu 1,60 m.

- Im Frühling und Sommer regelmäßig gießen, im Winter trockener halten.
- Im Frühling umtopfen.

helles Licht, kühl

Efeutute ***(Epipremnum aureum)***

Relativ schnell wachsende Kletterpflanze, die sich aber mit einem Rankgerüst zähmen lässt. Die ausgewachsenen Blätter sind herzförmig und haben gelbe Sprenkeln.

- Während der Wachstumsperiode regelmäßig gießen und düngen, im Winter die Erde eben feucht halten.
- Alle zwei Jahre im Frühling umtopfen. Rückschnitt fördert buschiges Wachstum.

helles Licht, kühl

Eukalyptus ***(Eucalyptus gunnii)***

Das blaugraue Blattwerk duftet aromatisch, wenn man es zerreibt. Mit dem Alter ändert sich die Blattform von rund zu länglich. Die Pflanze wächst schnell und braucht darum einen ausgesprochen großen Kübel.

- Von Frühling bis Herbst großzügig gießen, im Winter feucht halten.
- Im Frühling umtopfen und zurückschneiden, um neue Triebe mit jungen Blättern zu erhalten.

wenig Licht, kühl

Spindelstrauch ***(Euonymus fortunei)***

Buschiger Strauch mit immergrünen Blättern. Besonders dekorativ sind die panaschierten Sorten. Die Sorte *E. fortunei* wächst kompakt und manchmal kriechend, darum eignet sie sich auch für Einfassungen.

- Regelmäßig gießen, vor allem bei Trockenheit. Alle zwei Wochen düngen.
- Im Frühling umtopfen.

helles Licht, warm

Weihnachtsstern ***(Euphorbia pulcherrima)***

Die unscheinbaren Blüten sind von leuchtend ausgefärbten Hochblättern in Rot, Rosa und Weiß umgeben.

- Während der Wachstumszeit die Erde feucht halten und alle zwei Wochen düngen. Nach der Blüte sparsam gießen. Im späten Frühling an einen geschützten Platz im Freien stellen. Täglich mit klarem Wasser besprühen.

wenig Licht, kühl

Efeuaralie ***(Fatshedera lizei)***

Diese Immergrüne klettert an einer Stütze. Durch regelmäßigen Rückschnitt erhält man gedrungen wachsende Exemplare.

- Von Frühling bis Herbst regelmäßig gießen und düngen. Im Winter relativ trocken halten.
- Im Frühling umtopfen.

helles Licht, kühl, verträgt Zugluft

Zimmeraralie ***(Fatsia japonica)***

Diese Pflanze wächst schnell auf 2 m Höhe und 1 m Durchmesser heran. Wegen ihrer großen, glänzenden Blätter ist dies eine besonders beeindruckende Zimmerpflanze.

- Von Frühling bis Herbst großzügig gießen und düngen. Im Winter die Erde feucht halten und gelegentlich gießen.
- Im Frühling umtopfen.

wenig Licht, warm

Benjamini/Birkenfeige
(Ficus benjaminii)

Beliebte Pflanze für Dielen und Flure. In der Natur ein zierlicher Baum, wird im Kübel bis 2 m hoch.

- Die Erde stets feucht halten und von Frühling bis Herbst regelmäßig düngen. Die Blätter mit einem feuchten Schwamm abwischen, aber nicht knicken.
- Im Frühling umtopfen oder stark zurückschneiden.

helles Licht, kühl

Kumquat/Zwergzitrone
(Fortunella margarita)

Immergrüne, die im Kübel bis 1 m Höhe erreicht. Im Frühling und Sommer erscheinen duftende weiße Blüten, im Herbst und Winter reifen kleine, essbare Früchte heran.

- Regelmäßig gießen und düngen. Im Winter nicht düngen, aber die Erde feucht halten.
- Jedes Jahr im zeitigen Frühling umtopfen.

helles Licht, kühl

Erdbeere *(Fragaria* x *ananassa)*

Beliebtes Beerenobst, das auch im Topf gedeiht. Es werden sogar Zuchtsorten angeboten, die sich für Ampeln eignen.

- Im Frühling und Sommer regelmäßig gießen und düngen. Im Winter die Erde feucht halten.

wenig Licht, kühl

Schneeglöckchen *(Galanthus nivalis)*

Die weißen, hängenden Blüten öffnen sich im mittleren bis späten Winter. Sehr dekorativ sind auch die doppelt gefüllten Zuchtsorten.

- Während des Wachstums die Erde feucht halten und alle zwei Wochen düngen.
- Im Herbst in Töpfe pflanzen. Bei trockenen Zwiebeln ist die Blütenform nicht immer vorhersehbar. Nach der Blüte ins Freie pflanzen.

wenig Licht, warm

Gardenie *(Gardenia augusta)*

Kompakt wachsende Pflanzen mit glänzenden, immergrünen Blättern und gefüllten, weißen Blüten mit schwerem Duft.

- Im Sommer reichlich, im Winter weniger gießen. Alle 14 Tage düngen. Abfallende Blüten sind meist ein Zeichen für Gießfehler. Regelmäßig mit klarem Wasser besprühen.
- Alle zwei Jahre im Frühling oder Sommer umtopfen.

helles Licht, kühl

Grevillee, australische Silbereiche
(Grevillea robusta)

Dies ist eigentlich ein australischer Baum. Als Jungpflanze sieht er aber auch als Hintergrundpflanze reizvoll aus.

- Während der Wachstumszeit reichlich gießen und düngen. Große Hitze, Trockenheit oder Staunässe können Laubfall zur Folge haben.
- Im Frühling umtopfen oder stark zurückschneiden.

wenig Licht, kühl, verträgt Zugluft

Efeu *(Hedera helix)*

Immergrüne Kletter- oder Hängepflanze. Es gibt zahlreiche Sorten mit mehrfarbigen oder interessant geformten Blättern.

- Während der Wachstumszeit die Erde feucht halten. Die Blätter gelegentlich mit einem feuchten Schwamm abwischen.
- Alte Pflanzen zurückschneiden, um den Neuaustrieb anzuregen. Zweige, deren Blätter sich verändern, ganz zurückschneiden. Nach Bedarf in Form schneiden.

helles Licht, kühl

Sonnenblume *(Helianthus annuus)*

Neu sind Zwergformen für den Blumentopf. Die prächtigen Blüten, die auch bei Kindern sehr beliebt sind, sind relativ kurzlebig.

- Während der Wachstumszeit stets feucht halten und wöchentlich düngen.
- Nach der Blüte wegwerfen.

helles Licht, feucht

Hibiskus *(Hibiscus rosa-sinensis)*

Immergrüner Strauch mit großen Blüten in Weiß, Gelb und verschiedenen Rot- und Rosatönen. Zuchtsorten für die Topfkultur bleiben relativ niedrig.

- Im Frühling und Sommer regelmäßig gießen und düngen. Auch im Winter feucht halten. Täglich mit klarem Wasser besprühen.
- Im Frühling umtopfen und zurückschneiden.

helles Licht, kühl

Ritterstern, Amaryllis *(Hippeastrum*-Hybriden*)*

Zwiebelpflanze mit großen, trompetenförmigen Blüten an fleischigen, aufrechten Stielen. Es gibt zahllose Zuchtsorten.

- Reichlich gießen, sobald sich Blätter zeigen. Wöchentlich düngen, solange die Pflanze Blüten und Blätter trägt. Nach der Blüte an einen sonnigen Platz stellen.

wenig Licht, warm

Fächerpalme *(Howea belmoreana)*

Ähnelt der Kentia-Palme (siehe rechts), jedoch trägt diese ihre Wedel an relativ starren, gebogenen Stielen.

- Von Frühling bis Herbst reichlich gießen, dann reduzieren. Im Frühling und Sommer alle zwei Wochen gießen, während des restlichen Jahres monatlich.
- Alle zwei Jahre im Frühling umtopfen. Abgestorbene Wedel dicht am Stamm abschneiden.

wenig Licht, warm

Kentia-Palme *(Howea forsteriana)*

Obwohl die Pflanze recht groß wird, lässt sie sich über viele Jahre als Zimmerpflanze halten. Die eleganten, schlanken Wedel tragen mehrere längliche Blätter.

- Von Frühling bis Herbst reichlich gießen, im Winter nur sparsam. Alle zwei Wochen düngen.
- Alle zwei Jahre umtopfen. Abgestorbene Wedel an der Basis nahe am Hauptstamm abschneiden.

helles Licht, warm

Wachsblume ***(Hoya carnosa)***

Die Kletterpflanze mit fleischigen, immergrünen Blättern trägt von Frühling bis Herbst dichte Dolden weißlicher Blüten mit süßem Duft. Am besten an einem Rankgerüst aus Bambus oder Draht ziehen. Die Pflanze blüht nur an älteren Trieben.

- Im Sommer reichlich gießen, sonst eher wenig. Während der Blütezeit alle zwei Wochen düngen.
- Alle zwei Jahre im Frühling umtopfen.

helles Licht, kühl

Hyazinthe ***(Hyacinthus orientalis)***

Stark duftende Zwiebelblumen in Rosa, Rot, Weiß und Violett. Es gibt auch mehrstielige Sorten. Vorgetriebene Zwiebeln blühen zu Weihnachten.

- Während der Wachstumsperiode reichlich gießen und düngen.
- Im Herbst die Zwiebeln zu etwa $^2/_3$ in die Erde setzen. Dunkel stellen, damit sich ein gutes Wurzelwerk entwickelt. Wenn die Triebspitze etwa 5 cm lang ist, heller stellen.

wenig Licht, kühl

Hortensie ***(Hydrangea hortensis)***

Die Pflanze trägt dicke Kugelblüten in Weiß oder Rosa. Blaue Blüten bilden sich, wenn die Pflanze in saurer Erde steht oder Ammoniak-Alaun ins Gießwasser gegeben wird.

- Während der Wachstumszeit die Erde reichlich feucht halten und wöchentlich düngen. Im Winter trockener halten.
- Im Frühling umtopfen und bis auf deutlich sichtbare Triebknospen zurückschneiden.

wenig Licht, kühl

Fleißiges Lieschen ***(Impatiens hawkerii)***

Beliebte Pflanze mit meist dunkelgrünen (manchmal auch panaschierten) Blättern und großen Blüten in verschiedenen Farben.

- Von Frühling bis Herbst reichlich gießen und düngen, Staunässe jedoch vermeiden. Während der Wachstumszeit wöchentlich düngen.
- Im Frühling umtopfen, aber besser nach der Blüte wegwerfen.

wenig Licht (nur im Sommer), kühl

Binsengewächs ***(Isolepis cernua)***

Ein sehr feines Gras mit langen Halmen, die sich über den Topfrand wölben. Eine schöne Ergänzung zu großblättrigen Pflanzen, aber auch für Ampeln gut geeignet.

- Während der Wachstumszeit reichlich gießen und düngen. Auch im Winter nie austrocknen lassen.
- Im Frühling umtopfen.

helles Licht, kühl

Jasmin ***(Jasminum polyanthum)***

Wüchsiger Kletterer, der nach der Blüte stark zurückgeschnitten werden sollte. Sieht am schönsten an einem kreisförmigen Rankgerüst aus.

- Die Erde stets feucht halten. Zur Blütezeit die Wassergaben erhöhen. Von Frühling bis Spätsommer wöchentlich düngen.
- Im Frühling umtopfen. Wenn sich nur grüne Triebe zeigen, besser wegwerfen.

helles Licht, kühl

Flammendes Käthchen
(*Kalanchoe blossfeldiana*-Hybriden)
Kompakte Blatt-Sukkulente mit zahlreichen fünfstrahligen Sternblüten in Weiß, Gelb, Orange, Pink und Rot. Blühende Pflanzen sind rund ums Jahr erhältlich.
• Im Sommer reichlich, im Winter sparsam gießen. Von Frühling bis Herbst alle zwei Wochen düngen.
• Im Frühling umtopfen oder wegwerfen.

helles Licht, kühl

Lorbeer *(Lauris nobilis)*
Immergrüner Strauch mit duftenden Blättern, die als Gewürz verwendet werden. Schön als Formschnitt-Pflanze in einem großen Kübel.
• Von Frühling bis Herbst regelmäßig gießen, im Winter nur sparsam. Während der Wachstumszeit wöchentlich düngen.
• Im Frühling umtopfen oder die oberste Erdschicht erneuern. Im Sommer beschneiden.

helles Licht, kühl

Schopflavendel *(Lavandula stoechas)*
Diesen Lavendel mit herausstehenden Flügeln an den Blüten gibt es in Weiß, Rosatönen und Blau. Am besten auf der Terrasse halten, aber mindestens im Sommer ins Freie stellen.
• Im Frühling und Sommer regelmäßig gießen und düngen. Im Winter die Erde gerade feucht halten.
• Im Frühling umtopfen.

helles Licht, kühl

Teebaum *(Leptospermum scoparium)*
Der feinblättrige, immergrüne Strauch trägt im Sommer Blüten in Weiß, Rosa und verschiedenen Rottönen. Größere Sorten gedeihen am besten in großen Pflanztrögen im Wintergarten.
• Von Frühling bis Herbst regelmäßig gießen, im Winter die Erde gerade feucht halten.
• Im Frühling in durchlässige Erde umpflanzen.

wenig Licht, kühl

Osterlilie *(Lilium longiflorum)*
Normalerweise blüht diese Lilie im Sommer, man kann sie aber vortreiben. Die weißen, schwer duftenden Trompetenblüten sitzen an Stielen von bis zu 1 m Länge.
• Während des Wachstums reichlich gießen und wöchentlich düngen. Nach der Blüte die Erde feucht halten.
• Die Zwiebeln im Herbst umtopfen.

helles Licht, kühl

Warzenkaktus *(Mammillaria prolifera* var. *texana)*
Diese willig blühenden Kakteen kommen in vielen Sorten vor, manche tragen auch helle Früchte. Regelmäßig drehen, um einseitiges Wachstum zu vermeiden.
• Im Frühling und Sommer regelmäßig gießen, im Winter relativ trocken halten. Monatlich düngen.
• Im Frühling in durchlässige Erde umpflanzen.

wenig Licht, warm

Medinilla ***(Medinilla magnifica)***

Pflanze mit markant geäderten, ledrigen Blättern. Die langlebigen Blüten sind rosa oder violett, am gebogenen Blütenstiel sitzen zusätzlich rosa Hochblätter.

- Von Frühling bis Herbst reichlich gießen, im Winter weniger wässern. Während der Wachstumszeit wöchentlich düngen, im Winter seltener.
- Alle zwei Jahre im Frühling umtopfen.

helles Licht, kühl

Minze ***(Mentha spicata)***

Beliebtes Kraut, das im Haus im Topf gehalten werden kann, besonders für den Gebrauch in der Küche. Im Sommer glockenförmige Blüten.

- Von Frühling bis Herbst regelmäßig gießen, im Winter trockener halten. Während der Wachstumszeit alle zwei Wochen düngen.
- Im Frühling umtopfen, Blütenansätze ausknipsen.

wenig Licht, warm

Mimose ***(Mimosa pudica)***

Die fiedrigen Blätter klappen sich bei Berührung sofort zusammen (daher der Name der Pflanze), entfalten sich aber nach einer halben Stunde wieder. Im Frühling und Herbst erscheinen duftige Kugeln aus winzigen Blüten.

- Behutsam wässern, die Erde nur feucht halten. Alle zwei Wochen düngen, häufig besprühen.
- Wenn die Pflanze im Herbst welkt, wird sie weggeworfen.

wenig Licht, feucht

Fensterblatt/Zimmerphilodendron ***(Monstera deliciosa)***

Kletterpflanze mit immergrünen, schildförmigen Blättern. Gelegentlich zeigen sich typische weiße Aronstab-Blüten, aus denen eine köstliche Frucht heranreift.

- Im Frühling und Sommer reichlich gießen, im Herbst und Winter die Erde feucht halten.
- Alle zwei bis drei Jahre umtopfen. Alte, verkahlte Triebe im Frühling zurückschneiden.

helles Licht, kühl

Myrte ***(Myrtus communis)***

Immergrüner Strauch im aromatisch duftenden Blättern und zierlichen, duftenden Blüten in Weiß oder Rosa von Frühling bis Herbst. Es gibt auch eine panaschierte Form.

- Im Frühling und Sommer regelmäßig gießen, im Winter nur sparsam. Während der Wachstumszeit wöchentlich düngen.
- Im Sommer an einen geschützten Platz im Freien stellen.

helles Licht, kühl

Narzisse ***(Narcissus)***

Man kann die Zwiebeln der meisten Sorten vortreiben, so dass sie im Haus um die Weihnachtszeit blühen.

- Stets feucht halten und während des Wachstums wöchentlich düngen. Nach der Blüte ins Freie stellen.
- Zwiebeln im Herbst in eine Schale setzen, kühl und dunkel stellen, um die Wurzelbildung anzuregen. Später ins warme Zimmer stellen.

wenig Licht, kühl

Bostonfarn *(Nephrolepis exaltata)*

Es gibt viele Varianten dieses langlebigen Farns, die alle gut im Topf gedeihen. Die Standardsorte hat feste Wedel, einige Abarten haben auch fiedrige, gedrehte oder gewellte Blattränder.

- Im Frühling und Sommer reichlich gießen, sonst die Erde stets feucht halten. In der Wachstumsperiode alle zwei Wochen düngen.
- Alle zwei Jahre im Frühling umtopfen.

helles Licht, kühl

Nerine, Guernseylilie *(Nerine)*

Von dieser hübschen, im Herbst blühenden Zwiebelblume gibt es viele Unterarten. Die Blütenköpfe in Weiß, Rosa, Rot oder Orange stehen auf 60 cm hohen, aufrechten Stielen.

- Mit dem Gießen beginnen, wenn sich Blattspitzen zeigen. Alle zwei Wochen düngen. Während der Ruhezeit der Zwiebel nicht gießen.
- Alle drei Jahre im Sommer umtopfen. Die Zwiebel nicht ganz eingraben.

helles Licht, kühl

Oleander *(Nerium oleander)*

Die immergrüne Pflanze mit den schlanken Blättern und duftenden rosa Blüten braucht viel Platz, um zu einem schönen Busch heranzuwachsen. Die Pflanze ist in allen Teilen giftig.

- Im Frühling und Sommer regelmäßig gießen, im Winter trockener halten. Während der Wachstumsperiode wöchentlich düngen.
- Bei Bedarf im Frühling umtopfen, im Herbst zurückschneiden.

helles Licht, kühl

Basilikum *(Ocimum basilicum)*

Küchenkraut mit glänzenden oder manchmal fein behaarten grünen oder dunkelroten Blättern. Es gibt einjährige und mehrjährige Sorten. Die Blütenköpfe sind hübsch, sollten aber ausgeknipst werden, damit die Pflanze buschiger wächst.

- Im Frühling und Sommer nie austrocknen lassen.
- Einjährige im Herbst wegwerfen.

helles Licht, kühl

Olive *(Olea europea)*

Gedeiht nur im Wintergarten oder einem verglasten Flur, wo die immergrünen Pflanzen mit den kleinen, langweiligen Blättern jedoch dekorativ aussehen können. Verträgt trockene Luft.

- Von Frühling bis Herbst regelmäßig gießen, im Winter trockener halten.
- Jedes Jahr umtopfen oder die oberste Erdschicht erneuern.

helles Licht, kühl

Majoran *(Origanum majorana)*

Aufrecht wachsendes, immergrünes Küchenkraut, das auch dekorativen Wert hat. Hübsch sind die Dolden aus kleinen rosa oder weißen Blüten.

- Im Sommer reichlich gießen und wöchentlich düngen.
- Im Herbst wegwerfen.

helles Licht, kühl

Passionsblume *(Passiflora caerula)*

Kletterpflanze mit großen, blau-weißen Blüten im Sommer und Herbst. Die gelb blühende Sorte *P. citrina* ist weniger wüchsig.

• Im Frühling und Sommer reichlich gießen, auch im Winter feucht halten. Regelmäßig düngen.

• Alle zwei Jahre im Frühling umtopfen und kräftig zurückschneiden. Die Triebe um die Rankhilfe winden.

helles Licht, warm

Edel-Pelargonie *(Pelargonium* x *domesticum)*

Edel-Pelargonien haben prächtigere, aber kurzlebigere Blüten als die gewöhnlichen Sorten. Die einfachen oder gefüllten Blüten stehen in dichten Gruppen.

• Während der Wachstumszeit reichlich gießen. Außerhalb der Blütezeit die Erde nur leicht feucht halten.

• Bei Bedarf im Frühling umtopfen.

helles Licht, warm

Geranie *(Pelargonium* x *hortorum)*

Langlebige Blüten und häufig interessant gefärbte oder panaschierte Blätter. Es gibt einfache und gefüllte Blüten in Weiß, Rosa und vielen Rottönen.

• Während der Wachstumszeit reichlich gießen. Außerhalb der Blütezeit die Erde nur leicht feucht halten.

• Bei Bedarf im Frühling umtopfen.

helles Licht, kühl

Pentas/Fünfblüte *(Pentas lanceolata)*

Die erst kürzlich gezüchteten Zwergformen sind wegen ihrer dauerhaften Blüte sehr beliebt. Auf haarigen Stielen sitzen dichte Gruppen von Sternblüten in Weiß, Rosa oder Rot.

• Von Frühling bis Herbst regelmäßig gießen und düngen. Im Winter die Erde gerade feucht halten.

• Im zeitigen Frühling umtopfen oder wegwerfen.

wenig Licht, kühl

Cinerarie *(Pericallis* x *hybrida)*

Kleine, margeritenförmige Blüten bilden dichte, kugelige Gruppen über herzförmigen Blättern. Cinerarien werden im Frühling und Herbst in vielen Blütenfarben angeboten.

• Nur sparsam gießen, im Winter die Erde gerade feucht halten. Während der Blüte alle zwei Wochen düngen. Regelmäßig besprühen.

• Nach der Blüte wegwerfen.

wenig Licht, kühl/warm

***Phalaenopsis*-Hybriden**

Die Phalaenopsis zählt zu den pflegeleichten Orchideen. Sie blüht zweimal im Jahr, und die Blüten halten Monate lang.

• Das Substrat ganzjährig leicht feucht halten. Nur mit weichem Wasser gießen, alle zwei bis drei Wochen düngen.

• Wenn die Pflanze schwächelt, in frisches Orchideen-Substrat umpflanzen.

wenig Licht, feucht

Kleinblättriger Philodendron
(Philodendron scandens)

Kletterpflanze mit herzförmigen Blättern. Die schlanken Stiele brauchen eine Stütze, an der sie sich halten können. Rückschnitt fördert buschiges Wachstum.

- Die Erde im Winter und zeitigen Frühling nur eben feucht halten, sonst regelmäßig gießen und während der Wachstumszeit alle zwei Wochen düngen.
- Alle zwei Jahre im Frühling umtopfen.

helles Licht, feucht
(im Sommer keine direkte Sonne)

Zwerg-Dattelpalme
(Phoenix roebelinii)

Langsam wachsende, sehr hübsche Palme. Wird bis zu 2 m hoch und eignet sich darum gut als Zimmerpflanze.

- Im Frühling und Sommer reichlich gießen und alle zwei Wochen düngen. Im Herbst und Winter die Erde feucht halten und monatlich düngen.
- Anfangs jährlich, später alle zwei bis drei Jahre im Frühling umtopfen.

helles Licht, kühl

Klebsame *(Pittosporum tobira)*

Immergrüner Strauch, der in einem großen Kübel bis 2 m hoch wird. Es gibt auch panaschierte und kompakt wachsende Formen. Trägt im Frühling und Sommer cremeweiße Blüten mit Orangenduft.

- Im Frühling und Sommer reichlich gießen und düngen. Im Winter die Erde feucht halten.
- Bei Bedarf im Frühling umtopfen.

wenig Licht, kühl

Harfenstrauch *(Plectranthus)*

Hängende Pflanze, ideal für Ampeln. Die Blätter sind blassgrün mit silbrigen Adern und rötlicher Unterseite. Zwischen Spätwinter und Frühling hell-violette Blütenrispen.

- Die Erde stets feucht halten, besonders von Frühling bis Herbst.
- Im Frühling umtopfen.

helles Licht, kühl

Bleiwurz *(Plumbago capensis)*

Lichte, strauchige Pflanze, die durch starken Rückschnitt im Frühling gut in Form zu halten ist. Trägt von Frühsommer bis Herbst hellblaue oder weiße Blüten.

- In der Wachstumszeit reichlich gießen, im Winter eben feucht halten. Regelmäßig düngen.
- Bei Bedarf im Frühling umtopfen.

wenig Licht, kühl

Zwergbambus
(Pogonatherum panaceum)

Relativ neue Züchtung mit dicht gedrängten Stielen und breiten, grasartigen Blättern. Die glatten, meist hohlen Stiele bilden an den Knoten Seitentriebe.

- Im Sommer reichlich gießen und düngen, während des übrigen Jahres feucht halten.
- Im Frühling umtopfen.

wenig Licht, kühl

Primel, Schlüsselblume
(Primula obconica)

Die Blätter dieser Primel können bei empfindlichen Menschen Hautreizungen verursachen, es gibt aber neue Züchtungen mit weniger allergener Wirkung. Primeln blühen fast ununterbrochen.

- Die Erde stets feucht halten. Alle zwei Wochen düngen.
- Im späten Frühling umtopfen.

helles Licht, kühl

Azalee *(Rhododendron simsii)*

Gedrungener Strauch mit immergrünen Blättern und einer Fülle von Blüten, die von Natur aus im Frühling erscheinen. Vorgetriebene Pflanzen blühen schon im Winter. Im Sommer ins Freie stellen.

- Reichlich mit weichem Wasser gießen, auch im Winter feucht halten. Staunässe vermeiden. Regelmäßig düngen, häufig besprühen.
- Nach der Blüte in kalkfreie Erde umtopfen.

helles Licht, kühl

Rose *(Rosa*-Hybriden*)*

Diese Zwergsträucher sind verkleinerte Varianten der typischen Gartenrosen. Meist gefüllte Blüten in vielen Farben. Verwelkte Blüten sofort ausknipsen.

- Von Frühling bis Herbst regelmäßig gießen und düngen. Im Winter gerade feucht halten.
- Im Frühling umtopfen und die Triebe, die im Vorjahr geblüht haben, zurückschneiden.

helles Licht, kühl

Rosmarin *(Rosmarinus officinalis)*

Es gibt viele Unterarten dieser Pflanze, die als Küchenkraut und auch als blühende Zierpflanze gehalten wird. Als Zimmerpflanze weniger geeignet, jedoch gut für Terrasse oder einem hellen Windfang.

- Regelmäßig gießen und im Frühling und Sommer wöchentlich düngen.
- Im Frühling umtopfen oder die oberste Erdschicht erneuern.

wenig Licht, feucht

Usambaraveilchen
(Saintpaulia ionantha)

Langlebige, meist violette Blüten in der Mitte einer Rosette aus kleinen, behaarten, herzförmigen Blättern. Es gibt auch Züchtungen in Rosa, Weiß und Dunkelrot sowie gefüllte Sorten.

- Stets feucht halten. Mit lauwarmem Wasser gießen, die Blätter nicht benetzen. Im Frühling und Sommer alle zwei Wochen düngen.
- Alle zwei Jahre im Frühling umtopfen.

helles Licht, kühl

Weihnachtskaktus
(Schlumbergera x buckleyi)

Abgeflachte, gegliederte Stiele tragen im Winter an den Spitzen hängende oder aufrechte trompetenförmige Blüten in Weiß, Rosa, Orange oder Rot.

- Im Frühling und Sommer reichlich gießen und düngen. An einen hellen Standort stellen, aber im Sommer direkte Sonne vermeiden.
- Alle zwei Jahre im Frühling umtopfen.

wenig Licht, kühl

Strahlenaralie
(Schefflera actinophylla* »Nova«*)

Aufrecht wachsende Immergrüne. Es gibt zahlreiche Zuchtformen mit mehr oder weniger stark panaschierten Blättern.

• Im Frühling und Sommer regelmäßig gießen und düngen, im Herbst langsam reduzieren und im Winter die Erde eben feucht halten.

• Im Frühling umtopfen. Wenn die Pflanze verkahlt, nicht umtopfen, sondern stark zurückschneiden.

wenig Licht, kühl

Finger-Aralie *(Schefflera elegantissima)*

Am schönsten sind Jungpflanzen, weil die gezackten Blätter mit zunehmendem Alter an Attraktivität verlieren.

• Im Winter vorsichtig gießen, im Frühling und Sommer die Erde feucht halten. Regelmäßig düngen.

• Im Frühling umtopfen. Wenn die Pflanze verkahlt ist, nicht umtopfen, sondern die Hauptstämme zurückschneiden, um den Neuaustrieb anzuregen.

wenig Licht, warm

Mooskraut *(Selaginella kraussiana)*

Farnähnliches Moos mit flach wachsenden, verzweigten Trieben. Hübsche, hellgrüne Blattränder.

• Im Frühling und Sommer regelmäßig gießen und gelegentlich düngen. Im Winter sparsam gießen. Während der Wachstumszeit regelmäßig mit Wasser besprühen.

• Im Frühling umtopfen.

helles Licht, kühl

Skimmie *(Skimmia japonica* »Rubella«*)*

Buschige Immergrüne mit duftenden, weißen Blüten, die in der Knospe rosa sind. Die Blütenstiele sind rötlich-braun und auch vor der Blüte attraktiv.

• Die Erde stets feucht halten. Im Frühling und Sommer alle zwei Wochen düngen.

• Jedes Jahr im Frühling umtopfen.

helles Licht, kühl

Korallenstrauch
(Solanum capsicastrum)

Beliebt wegen der orangeroten Beeren, die im Herbst und Winter heranreifen. Die kleinen Sträucher haben dunkelgrüne Blätter und weiße Sternblüten, die im Sommer erscheinen.

• Die Erde stets feucht halten und alle zwei Wochen düngen. Täglich besprühen.

• Im Frühling umtopfen und in Form schneiden. Im Sommer ins Freie stellen.

wenig Licht, verträgt Zugluft

Bubikopf *(Soleirolia soleirolii)*

Niedrig wachsende Pflanzen, die schnell große Flächen bedecken. Sehr günstig als »Bodendecker« unter hohen Einzelpflanzen. Es gibt gold-grüne und weiße Sorten, doch schlagen sie meist in die Urform zurück.

• Stets feucht halten, sparsam düngen.

• Zwischen Frühling und Herbst umtopfen.

helles Licht, feucht

Buntnessel
(Solenostemon scutellariodes)

Pflanze mit vielfältigen Blattformen, -größen und -farben. Kann zwischen 30 cm und 60 cm groß werden.

• Im Sommer reichlich wässern, im Winter eben feucht halten. Im Frühling und Sommer wöchentlich gießen.

• Statt ausgewachsene Pflanzen umzutopfen, sollten Sie lieber zwischen Frühling und Herbst Jungpflanzen aus Triebspitzen heranziehen.

wenig Licht, kühl

Zimmerlinde *(Sparrmannia africana)*

Strauch mit hellgrünen, behaarten Blättern und weißen Blüten mit weit vorstehenden Staubgefäßen, die sich bei Berührung schnell entfalten.

• Im Frühling und Sommer reichlich gießen und wöchentlich düngen, im Winter weniger gießen.

• Im Frühling umtopfen oder die oberste Erdschicht erneuern. Nach der Blüte kräftig zurückschneiden.

wenig Licht, kühl

Einblatt *(Spathiphyllum wallisii)*

Diese Pflanze hat dunkelgrüne, glänzende Blätter, besonders dekorativ sind aber die typischen weißen Aronstab-Blüten, die sich im Frühling zeigen.

• Die Erde stets feucht halten. Von Frühling bis Herbst wöchentlich düngen, im Winter monatlich.

• Jedes Jahr im Frühling umtopfen.

helles Licht, warm
(im Winter kühl)

Kranzschlinge *(Stephanotis floribunda)*

Die Kletterpflanze mit den wachsartig weißen, schwer duftenden Blüten braucht eine Rankhilfe.

• Von Frühling bis Herbst reichlich gießen, im Winter deutlich trockener halten. Häufig besprühen. Im Frühling und Sommer regelmäßig düngen.

• Alle zwei Jahre im Frühling umtopfen. Nach der Blüte zurückschneiden.

wenig Licht, warm

Drehfrucht *(Streptocarpus* x Hybriden*)*

Von Frühling bis Herbst zeigen sich weiße, rosa, rote, blaue oder violette trompetenförmige Blüten auf drahtigen Stielen über einer Rosette aus Blättern.

• Während der Wachstumszeit reichlich düngen und gießen.

• Jedes Jahr im Frühling in flache Schalen umtopfen.

helles Licht, kühl

Schwarzäugige Susanne
(Thunbergia alata)

Schnellwüchsige Kletterpflanze, deren schlanke Stiele sich schnell um ein Rankgerüst winden. Vom Frühsommer bis Herbst leuchtend gelbe Blüten mit schokoladenbraunem Auge.

• Während der Wachstumszeit reichlich gießen und düngen.

• Die Einjährige wird nach der Blüte weggeworfen.

helles Licht, kühl

Thymian ***(Thymus vulgaris*** **»Aureus«*)***

Das beliebte Küchenkraut mit niedrigem Wuchs ist immergrün und mehrjährig. Besonders hübsch sind die panaschierten Sorten. Trägt im Sommer winzige rosa oder violette Blüten.

- Im Frühling und Sommer reichlich gießen und düngen, sonst nur sparsam. Staunässe vermeiden.
- Jedes Jahr im Frühling umtopfen und in Form schneiden.

wenig Licht, kühl
(im Winter hell stellen)

Tradeskantie/Wasserranke

(Tradescantia fluminensis **»Variegata«*)***

Am schönsten sind die panaschierten Sorten dieser Pflanze. Ideal für Ampeln.

- Das ganze Jahr über reichlich gießen. Im Frühling und Sommer alle zwei Wochen düngen.
- Bei Bedarf im Frühling umtopfen. Lange, verkahlte Triebe abschneiden. Alle Triebe, die in die grüne Urform zurückschlagen, entfernen.

helles Licht, kühl

Tulpe ***(Tulipa*** **spp.*)***

Es gibt Hunderte von Kultursorten, fürs Zimmer eignen sich am besten die früh blühenden Zwergsorten. Die Auswahl der Blütenfarben ist schier endlos, einige Sorten haben auch schön gezeichnete Blätter.

- In der Wachstumsphase reichlich gießen.
- Im Herbst mehrere Zwiebeln in einen Topf setzen und zunächst einige Wochen dunkel stellen, damit sich Wurzeln bilden. Nach der Blüte in den Garten pflanzen.

hell oder dunkel, kühl

Stiefmütterchen ***(Viola*** **x** ***wittrockiana)***

Beliebte Pflanze mit langer Blühdauer. Es gibt Sorten mit den unterschiedlichsten Blütenfarben, darunter Weiß, Orange, Blau und Gelb. Einige haben auch ein »Gesicht« in Kontrastfarben.

- Von Frühling bis Herbst regelmäßig gießen, auch im Winter feucht halten.
- Nach der Blüte, die bis zu zwei Jahre andauern kann, die Pflanzen wegwerfen.

helles Licht, kühl

Yucca ***(Yucca elephantipes)***

Aus einem dicken Stamm treiben zahlreiche lange und schmale Blätter, die der Pflanze ihr exotisches Aussehen geben. Bei guter Pflege können Yuccas sehr alt werden. Für den Flur eignen sich vor allem die Sorten ohne Stacheln.

- Im Frühling und Herbst reichlich gießen, im Winter relativ trocken halten. Gelegentlich düngen.
- Jedes Jahr im Frühling umtopfen.

helles Licht, kühl

Zimmercalla ***(Zantedeschia aethiopica)***

Die meisten Sorten werden sehr groß, es gibt aber auch Zwergformen. Die großen, pfeilförmigen Blätter stehen auf fleischigen Stielen, die Blüten erheben sich über die Blätter.

- Während der Wachstumsperiode reichlich gießen und düngen. Wenn die Blätter absterben, die Erde nur eben feucht halten.
- Im Herbst umtopfen.

Bezugsquellen in Deutschland

Gartenbau und Pflanzenzucht
Hoch
Potsdamer Straße 40
14163 Berlin
Telefon 0 30 / 8 02 62 51
Blumenzwiebeln, Taglilien

Habitat
Neuer Wall 19
20354 Hamburg
Telefon 0 40 / 3 56 58-15
Einrichtungshaus

Teak & Garden
Schmidt Paris GmbH
Gut Schönau
Schönauer Weg 26
21465 Reinbek
Telefon 0 41 04 / 9 773-0
Telefax 0 41 04 / 43 83
Kübel, Ranksäulen, Obelisken

Michael von Allesch
Kurfürstendeich 52
22087 Hamburg
Telefon 0 40 / 72 32 141
Kameliengärtnerei

The Conran Shop Germany
Große Elbestr. 68
22767 Hamburg
Telefax 0 40 / 3 06 21-333
Wohnaccessoires

Ingwer J. Jensen GmbH
Am Schloßpark 2b
24960 Glücksburg
Telefon 0 46 31 / 60 10-0
Historische Rosen und Clematis

Hans-Peter Atrops
Feldstraße 12
47509 Rheurdt
Telefon 0 28 45 / 60 99 56
Telefax 0 28 45 / 60 99 57
Baumschule (u. a. Buchsbaum)

Haus & Garten Galerie
Postfach 13 55
48271 Emsdetten
Telefon 0 25 72 / 9 52 724
Telefax 0 25 72 / 9 82 88
Accessoires, Brunnen, Wasserspiele

Ahrens & Sieberz
Versand Gärtnerei
53718 Siegburg-Seligenthal
Telefon 0 22 42 / 88 91 11
Telefax 0 22 42 / 88 91 88
www.ahrens-sieberz.de
Bestellungen im Internet,
per Telefon oder auch per Fax

Classic Garden Elements
Vertrieb GmbH
Goethestraße 27
65719 Hofheim am Taunus
Telefon 0 61 92 / 90 04 75
Telefax 0 61 92 / 90 27 93
Obelisken, Ranksäulen, Kübel,
Accessoires

Lacon Pflanzen- und Garten
Artikel Versand
Johann-Sigismund-Piazolo-Str. 4a
68759 Hockenheim
Telefon 0 62 05 / 70 33
Lenzrosen, Rosen, Accessoires

Fassfabrik Werner Schmid
Straubinger Str. 34
80687 München
Telefon 0 89 / 57 16 46
Telefax 0 89 / 57 17 65
Fässer und Pflanzkübel

Bezugsquellen in England

The Holding Company, England
Telefon 00 44 / (0) 20 / 76 10 91 60

David Austen Roses Limited
Bowling Green Lane
Albrighton, Wolverhampton
WV7 3HB England
Telefon 00 44 / 19 02 / 37 50 27
Telefax 00 44 / 19 02 / 37 21 42
Englische Rosen, Versand auch
nach Deutschland

Thompson & Morgan Ltd.
Poplar Lane, Ipswich
Suffolk IP8 3BU
England
www.thompson-morgan.com
Bestellungen im Internet

Oriel Harwood's Vasen und
Blumenurnen
Bei David Gill
60 Fulham Road
London SW3 OHH England
Telefon 00 44 / (0) 20 / 75 89 59 46

Designer und Architekten

Dorrington Properties PLC
14 Hans Road,
London SW3 1RT
Telefon 00 44 / (0) 20 / 75 81 14 77

Alastair Howe Architects
50 Tanner Way, Hundsdon Ware,
Hertfordshire SG12 8QF
Telefon 00 44 / (0) 12 79 / 84 39 36

Justin Meath Baker
Baker Neville Design Partnership
7 Barloiw Place, Bruton Lane
London W1X 7AE
Telefon 00 44 / (0) 20 / 74 91 99 00

Fleur Rossdale
The Interior Design House
8 Avenue Crescent
London W3 8FW
Telefon 00 44 / (0) 20 / 87 52 86 48

Barbara Weiss Architects
4 Offord Street
London N1 1DH
Telefon 00 44 / (0) 20 / 76 09 18 67

Locations

The American Museum in Britain /
Bath
Claverton Manor
Bath BA2 7BD
Telefon 00 44 / (0) 1 22 25 / 46 05 03

Hotel Tresanton
St Mawes, Cornwall TR2 5DR
Telefon 00 44 / (0) 1 32 6 / 2 70 055

REGISTER

DANKSAGUNG

Autor und Verlag danken allen, die großzügig das Fotografieren in ihren Räumlichkeiten gestatteten: Das Amerikanische Museum in Bath, Bill McNaught und Judith Elsdon, Mr und Mrs David Cargill, Viscount und Viscountess Coke, Carol Davidson, Major und Mrs Charles Fenwick, Leslie Geddes-Brown und Hugh Stevenson, Mr und Mrs Nick Green, Oriel Harwood, Alastair Howe, Marianne Majerus und Robert Clark, Justin Meath Baker, Lysander Meath Baker, Exz. Olga Polizzi und Exz. William Shawcross, das Hotel Tresanton, Fleur Rossdale, Dawna Walter, Barbara Weiss sowie Mr und Mrs Richard Winch.

Der Autor dankt Alison Starling, die die Idee zu diesem Buch hatte, außerdem Selina Mumford, Helen Taylor und Penny Warren bei Mitchell Beazley und ganz besonders der Fotografin Marianne Majerus und ihren Assistenten Stewart Williams und Nicholas Clark-Majerus. Ein Dank auch an alle, die uns die Pflanzen zur Verfügung stellten, darunter The Chelsea Gardener, Clifton Nurseries, The Romantic Garden Nursery und Angel Flowers. Schließlich ein Dank an Ray White für seine Arbeit am Pflanzenlexikon.

BILDNACHWEIS

Umschlagfotos: © Octopus Publishing Group Ltd/Marianne Majerus vorderer Umschlag, hinterer Umschlag, hintere Klappe.

Octopus Publishing Group Ltd/Marianne Majerus 1, 2–3, 5, 10–11, 12, 12–13, 14, 15, 16–17, 19, 20, 21o, 21u, 23, 24o, 24u, 25, 27o, 27u, 28, 28–29, 29, 31, 32, 33o, 33u, 34, 35, 36, 37, 38, 38–39, 40–41,42, 43, 45, 48o, 48u, 50, 50–51, 53o, 53u, 54–55, 56, 57o, 58o, 58u, 60–61, 63, 64o, 64u, 66–67, 67, 68–69, 70o, 70u, 73, 74, 76, 77o, 77u, 78, 78–79, 80, 81, 83, 84–85, 86, 87, 88, 89, 90, 91, 92, 93, 94o, 94u, 95, 99o, 99u, 100, 101o, 101u, 105, 106, 107, 108, 109, 112l, 112om, 112ul, 112br, 113ol, 113or, 114ol, 114ul, 114um, 114um, 115ol, 119ul

Abode 18, 64–65, 72–73, 110–111; AKG London 8–9b; A–Z Botanical Collection 114or, 116ur, 123or, 125om, 131or; Deni Bown Associates 127ur; The Bridgeman Art Library/Mallet & Son Antiques Ltd, London/National Gallery, London 6b; Eric Crichton 114ur, 118or, 119ol, 120or, 124or, 124ur, 125um, 126um, 127um, 129ur, 131om, 131ur; Derek St Romaine 121om, 129um; Garden Picture Library/Chris Burrows 132or/Rex Butcher 117um/Sunniva Harte 117or/Neil Holmes 130um, 130um/A.I. Lord 126or/Jerry Pavia 112or/Howard Rice 116om, 121ol, 132ul/JS Sira 112um, 116um, 117ul/Friedrich Strauss 115um, 132ur/Brigitte Thomas 113um/Steven Wooster 115or; John Glover 122or, 122ur, 132ol; Harpur Garden Library/Jerry Harpur 113om, 117ol, 122ol, 129om/Marcus Harpur 124um; International Interiors/Paul Ryan 52, 62–63; The Interior Archive/Tim Beddow 82–83/Cecilia Innes 71/Fritz von der Schulenburg Endpapers, 22, 26, 30, 49, 74–75,102–103/Simon Upton 104; IPC Syndication/Country Homes and Interiors 59/Christopher Drake/Homes & Gardens 98 /Andreas von Einsiedel/Homes & Gardens 57ur; Andrew Lawson Photography 115om, 121or, 124ul; Mainstream/Ray Main 96–97; National Museum, Copenhagen 8o; National Trust Photographic Llibrary/Derrick E. Witty 6–7o; Clive Nichols Garden Pictures 116um; Photos Horticultural 116or, 120um, 121um, 123ur, 125ol, 127or, 128or, 132om; Julius Shulman 9o; Harry Smith Collection 113ur, 122um, 126ol, 128ol, 131ol; Stephen J. Whitehorne 46–47

Legende: o oben, u unten, l links, r rechts, m Mitte